삼성전자 조 대리의 생생리포트

밖에서 아는
삼성
안에서 배운
삼성

삼성전자 조 대리의 생생리포트

밖에서 아는
삼성
안에서 배운
삼성

조승표 지음

북스앤드
booksAnd

Learning ain't over, till life is over.

공부는 삶이 끝날 때까지
끝난 것이 아니다

"삼성에서는 일하면서 배웁니다"라고 자신있게 이야기할 수 있는 것은 바로 이 책의 저자인 조승표 대리와 같이 젊고 열정이 넘치는 직원들이 있기 때문입니다. 결코 쉽지 않은 회사 생활 속에서도 긍정적인 마인드로 잘 정리된 이 책이 많은 독자들의 가슴에 또 하나의 불꽃을 피울 수 있기를 바랍니다.

—김정욱 상무 (삼성SDI)

샐러던트saladent란 말처럼 꿈틀거리는 단어가 또 있을까? 정체되어 있는 사람에게 좋은 기회는 절대 오지 않는다. 업무에도 열정을 다하고 자기계발도 게을리 하지 않으면서 30대를 보람 있게 보내고 있는 한 직장인의 생생한 경험들은 비슷한 연령의 직장인들에게 많은 공감을 얻으리라 생각한다. 단순히 살아남기 위해서가 아니라 앞서가기 위해 노력하는 모습은 삼성의 미래뿐 아니라 우리나라 기업의 미래도 밝게 전망할 수 있게 해준다.

—홍현정 사장 (Folli Follie 코리아)

강의 시간에 유독 눈에 들고 열정이 보이는 학생들이 있게 마련이다. 그런 학생들을 보면 가르치는 입장에서는 더 많은 것을 알려주고 싶은 생각이 든다. 회사 내에서도 실력과 능력을 떠나 업무에 대해 더 많이 알려주고 싶은 직원들이 있다. 삼성은 과연 어떤 매력으로 직원들의 삶에 열정을 불어넣는지 이 책을 통해 독자들이 발견하길 바란다.

—마틴 헤머트 교수 (고려대 MBA)

세계 최고 회사의 현업은 어떻게 돌아가는지 생생한 이야기를 듣는 것은 벤처 기업을 경영하는 입장에서 큰 도움이 된다. 삼성을 1위로 이끈 원동력은 무엇인지 엿볼 수 있을 뿐만 아니라, 삼성 고유의 문화와 각종 제도가 직원들에게 어떤 영향을 미치는지도 함께 알 수 있어, 경영에 많은 지침을 갖도록 해주었다.

—박성호 사장 (위시컴퍼니 대표 http://www.wishcompany.net/)

상담을 하다 보면 취업 준비로 고민하는 학생들을 많이 만날 수 있다. 수년간 취업하고 싶은 회사 1위를 지키는 삼성전자의 현업에서는 어떤 일을 하는지 묘사한 이 책은 삼성에 취업하고 싶은 이들은 물론이고, 취업을 준비하는 모든 청년들에게 소중한 정보가 될 것이다.

—김장욱 교수 (성신여대)

인생은 배움의
연속이다

제주도 해안가에 위치한 근사한 레스토랑에서 이 글을 쓰고 있다. 관련 업체 사람들과 식사 겸 미팅을 끝낸 직후, 노을이 지는 바다를 바라보면서 말이다. 출장이 매번 이렇게 아름답고 여유로운 것은 아니다. 이번 출장은 내가 론칭하는 프로젝트의 바이럴 영상과 TV 광고 촬영이 목적이었다. 그런데 출연하기로 한 모델이 제주도행 비행기를 놓치는 바람에 이렇게 망중한을 즐길 수 있는 시간이 났다.

나는 지금 삼성전자의 디지털이미징 사업부에 근무하고 있다. 조금 쉽게 설명하자면 카메라와 캠코더 마케팅 부서에서 근무하고 있으며, 고객들에게 더 나은 카메라를 소개하는 임무를 수행하고 있다.

직장생활 6년 차로 접어든 시점에서 내가 느낀 점은 회사와 학교가 이렇게 똑같을 수가 있을까 하는 것이다. 신입사원 시절 나는 파워포인트나 엑셀 등 컴퓨터에 대한 지식이 부족했고 문서를 잘 만드는 법도 몰랐으며, 경영학 지식은 대학을 졸업하면서 다 반납한 상황이었다. 할 줄 아는 일이라곤 선배에게 물어 배우는 것뿐이었다.

입사 1년 차도 채 되지 않았던 어느 날, 친한 과장님께서 지나가는 투로 이렇게 말씀하셨다.

"야, 조승표! 입사해서 이것저것 많이 배우네. 근데 넌 회사에서 돈 받잖아? 이거, 네가 돈을 내고 다녀야 하는 거 아냐?"

그렇다. 당시 나는 학교에서처럼 회사에서도 돈을 내고 다녀야 하는 입장이었는지 모른다. 입사 후에도 배움은 계속되었으니까. 어찌 보면 내게 회사는 대학 졸업 후 새로 입학한 곳이나 마찬가지였다. 그런 점에서 학교와 회사를 배움의 장이라는 연속선상에서 바라봐야 하는 게 아닐까 싶다. 그래서 '공부하는 직장인'이라는 뜻을 가진 샐러던트^{saladent}라는 단어도 생겨난 것이리라.

물론 회사와 학교가 다른 점도 많이 있다. 회사는 내가 월급을 받고 학교는 내가 돈을 낸다는 사실, 즉 돈을 내는 주체가 다르다는 점에서 회사와 학교는 근본적으로 다르다. 또 다른 큰 차이점은 목적이다. 학교는 학생에게 거대한 목적을 제시하지 않는다. 반면 회사는 부가가치의 창출이라는 회사의 절대적 숙명 앞에서, 나의 모든 행동은 이익을 남기기 위한 회사의 목적으로 수렴된다.

나는 전문 작가도 아니고 타고난 글쟁이도 아니다. 자서전을 쓸 만큼 큰 업적을 일궈낸 사람은 더더욱 아니다. 그럼에도 나는 이 책을 쓰리라 마음먹었다. 내 주변의 많은 사람들이 고된 직장생활 속에서도 미래를 위해 배움에 힘쓰는 모습에 감탄했고, 나 또한 직장인이자 학생으로서 그들과 연대감을 느꼈기 때문이다.

이 책을 읽는 많은 사람들이 공감하고 서로의 발전을 위해 노력한다면, 개개인의 삶은 물론이거니와 사회 전체가 더 나은 모습으로 변해갈 수 있으리라 기대한다. 또한 젊고 새로운 마인드로 무장한 중소기업 CEO들과 주요 간부들이 이 책에 있는 삼성만의 독특한 제도와 아이디어 등에서 영감을 얻고, 그것이 각 회사의 발전에 약간이나마 도움이 되리라는 소박한 기대도 해본다.

몇 문단을 적는 와중에 촬영팀과 장소를 옮겨 지금은 곽지해수욕장에 와 있다. 한라산에서 흘러든 물이 지하를 거쳐 백사장으로 올라와 바닷물과 만나는 지점, 지금 나는 그 위에서 촬영 일정을 좀 더 세부적으로 계획하고, 일행과 대책 회의를 하는 중이다. 지하수가 바닷물

을 만나 새롭고 긴 여정을 시작하듯이, 미치도록 급박하면서도 신명
놀음 하듯 한가로운 이 삶 속에서 나는 또 다시 새로운 도전을 준비하
고 있다.

　이제부터 대학을 졸업하는 사회 초년생들에게, 조직 내에서 꼭 필
요한 인재가 되고자 애쓰는 직장인들에게, 혁신을 거듭해 기업을 이
끌어가는 CEO들에게 도움이 되기를 바라는 마음을 간절히 담아 이
책을 쓸 것이다. 더불어 이렇게 국내 최고, 아니 세계 최고 수준의
백사장에서 이 글을 시작할 수 있도록 기회를 준 회사에 고마움을
전한다.

CHAPTER 7

글로벌 삼성, 삼성 속의 글로벌 인재들

CHAPTER 8

떠나는 사람, 남는 사람

CHAPTER

1

삼성에
입사하기까지

SAMSUNG STORY

01
좁은 취업의 문,
높은 삼성의 벽?

수학능력시험과 명문대 입학은 우리나라를 넘어 지구상 모든 입시생들의 지상 과제다. 특히 우리나라는 그 정도가 다른 나라보다 더 심하다. 4시간 자면 붙고 5시간 자면 떨어진다는 '사당오락四當五落'이란 말이 있을 정도의 치열한 분위기는 대학 입시를 통해 인생이 한방에 좌우되는 우리나라의 독특한 문화를 대변해주는 것 같아 다소 씁쓸하다.

그래서 대부분의 수험생들은 대학에 입학함과 동시에 자유라는 이름 아래, 공부를 접고 신나게 음주 문화를 즐겼다. 적어도 10년 전에는 그랬다. 그러나 이제는 그런 미덕(?)도 점점 사라지는 분위기다. 이미 똑똑한 신입생들은 대학 입학과 동시에 취업을 위한 스펙 쌓기에 열중한다. 중·고등학교 6년을 마치자마자 또다시 4년을 취업 준비에 시달린다. 토익을 비롯한 영어시험은 물론 한자능력검정시험, 한국어능력시험, 경제지식측정시험 등 알지도 못하는 각종 자격증 시험을 치르기 바쁘다. 심지어 어학연수는 고시생을 제외한 모든 이들의 필수 코스가 되었다.

학문적 자유, 지적 호기심을 채울 시간은 온 데 간 데 없이 바쁘기만 한 현 상황이 무척 안타깝다. 대학이나 회사나 왜 그리 들어가기 어려운 걸까?

사람들은 모두가 좋은 회사에 들어가고자 한다. 물론 좋은 회사의 기준이란 개개인의 가치관에 따라 천차만별이겠지만 일반적으로 연봉이 높고, 각종 복지 혜택이 많고, 자아를 실현할 수 있으며, 출퇴근 시간을 지켜주는 회사가 좋은 회사라고 여겨진다. 안타까운 것은 이런 곳이 거의 없고, 그나마 이중 하나라도 제대로 갖춘 곳도 별로 없다는 것이다. 좋은 회사는 적은데 들어가고자 하는 사람들은 매해 몇십만 명씩 줄지어 기다린다. 취업의 문은 좁아도 너무 좁다.

대학 입시야 두말할 것도 없다. 명문대, 소위 말하는 SKY(서울대·고려대·연세대)는 정원이 정해져 있는데 모두가 여기에 들어가고자 하니 치열할 수밖에 없다. 4시간만 자고 공부를 해도 SKY에 떨어지는 경우가 흔하다.

'우리'의 입장이 아닌 학교와 회사의 관점에서 접근해보자. 학교는 그 많은 학생들 중에서 옥석을 가려내어 최고로 똑똑한 학생을 입학시키고자 한다. 그래야 졸업 후 동문으로서 학교의 명예를 드높일 수 있고, 학교의 발전에 이바지할 가능성이 높기 때문이다.

회사는 학교보다 더 심하다. 제품을 판매하고 벌어들인 이익으로 직원들 월급도 주고, 또 다른 사업에 투자도 해야 하기 때문이다.

신입사원을 뽑는 사장님 입장에서는 한 명 한 명을 뽑을 때마다 혼신의 힘을 다하고 심혈을 기울일 수밖에 없다.

과연 이 사람이 우리 회사에 들어와서 잘 배워 이익을 창출하게 해줄지, 혹은 어려운 문제에 직면했을 때 도망가지 않고 정면으로 부딪혀 해결하려는 의지가 있을지 등등 다방면으로 파악을 하게 된다.

따라서 각 회사는 엄정한 선발시험을 치르고 있다. 예컨대 삼성그룹은 신입사원 선발 과정에 SSAT라는 시험을 필수로 치르도록 되어 있다(이 부분은 다음 장에서 설명할 예정이다). 뽑히는 사람 입장에서는 몇 번 보지도 않고 스펙으로만 입사를 결정하는 회사가 못내 야박하겠지만, 이것이 현실이다. 오늘날 가내수공업을 제외한 세계 모든 회사들이 이와 같은 방식으로 사람을 뽑는다.

한 가지 재미있는 사실은, 학교든 회사든 입학하기는 하늘의 별따기처럼 어렵지만 나오기는 누워서 떡 먹기만큼이나 쉽다는 것이다. 생각해보라. 학사경고 세 번이면 그토록 어렵게 들어간 학교도 퇴학이다. 내 친구 중 한 명도 명문대 법대를 고생고생해서 들어갔건만, 너무도 허무하게, 물론 본인 입장에서는 너무도 당당하게, 학사경고를 세 번 맞고 1년 반 만에 퇴학을 당했다. 정말이지 황당했다.

그런데 이처럼 황당한 사건들이 회사에서도 일어나고 있다. 수많은 경쟁자를 물리치고 어렵게 들어온 회사건만 많은 선후배들이 쉽게 회사를 그만둔다. 그러나 한 명의 천재가 없어도 학교가 잘 돌아가듯이, 한두 명의 유능한 직원이 없어도 회사는 잘 돌아간다.

예전에 부서의 중요한 업무를 도맡아하던 선배가 있었다. 핵심 프로젝트는 대부분 그의 차지였고 영어 실력도 유창하여 많은 사람들이 "A대리 없으면 정말 회사 문 닫아야 할 수도 있어"라고들 했다. 평소 많은 사람들의 기대만큼이나 과중한 업무로 힘들어하던 그 선배는 결국 또 다른 꿈을 향해 회사를 박차고 나갔다. 회사에서는 좋은 조건도 제시하며 여러 모로 선배를 붙잡았으나 그의 결심을 막을 수 없었다. 선배가 맡았던 많은 일들을 누가 할지 다들 걱정하는 눈치였다. 그런데 희한하게도 업무 공백은 느껴지지 않았다. 오히려 더 많은 사람들이 긴장하며 공백을 메우려 해서인지 오히려 업무가 더 수월하다는 느낌도 들었다.

나도 가끔은, 아니 솔직하게 말해서 매우 자주, 회사를 그만두고 다른 곳으로 옮기고 싶을 때가 있다. 그러나 한편으로 곰곰이 생각한다. 어렵사리 들어간 대학을 그만두지 않고 졸업했듯, 회사도 명예롭게 졸업하기 전에 그만두는 것은 정말 어리석고 바보 같은 짓이라고 말이다. 물론 졸업이 정년퇴직만을 의미하는 것은 아니다. 인사관리부터 재무, 마케팅, 영업 등등 배울 것을 다 배운 뒤 새로운 꿈을 향해 또 다른 회사로 '진학'할 수도 있고, 아니면 대학원으로 진학을 할 수도 있고, 혹은 정말로 정년퇴직을 하는 것일 수도 있다.

그 형태가 어떠하든, 졸업이라는 명예로운 학위를 받기 전까지는 최대한 많은 것을 배우는 것이 우리가 지금 회사에 '입학'한 목표가 아닐까 한다.

02

평범하기 때문에
반드시 가져야 할 자세

명문대는 똑똑한 사람을 뽑는 곳이다. 등급 높은 대학으로 갈수록 평균 수능합격점수가 높아지고, 명문대 졸업생일수록 평균 IQ(지능지수)도 높은 편이다. 반면 회사는 가치관이 맞는 사람을 뽑는 곳이다. IQ, 인성, 성격, 가치관 등을 다방면으로 측정하는데 전체적으로 EQ(감성지수)가 높은 사람이 입사할 가능성이 높다. 지식만 보는 것이 아니므로 이것저것 준비할 게 더 많고 힘들 것이라 걱정되겠지만, 다행히도 그 반대다. 머리 좋고 공부만 하는 사람이 더 유리한 것이 아니다. 상대적으로 머리가 좋지 않더라도 성공할 가능성이 있다.

나는 소위 말하는 SKY에 입학하지는 못했다. 명덕외국어고등학교에 들어간 뒤 똑똑하다고 자만하여 고등학교 시절 내내 놀기만 했다.

그리고 죗값을 받아 재수를 하여 서강대에 입학했다. 따지고 보면 내 머리는 그리 좋은 편이 아니다. 그런데도 5년째 대학생들이 가고 싶어 하는 회사 1위인 삼성전자에서 일하고 있으며, 능력을 인정받아 승진도 좀 더 빨리했다. 성공가도를 걷고 있다고 할 수도 있지만, IQ가 높다거나 유달리 똑똑하지는 않다. 다만, IQ가 높지 않아도 성공할 수 있는 방법을 많이 알고 있을 뿐이다.

사원 시절, 젊은 나이에 임원이 된 부서장님을 만났다. 호감형 외모에 좋은 학벌, 시원시원한 성격, 심지어 글씨체도 멋있는, 요즘 말로 하면 '엄친아'셨다. 회식자리에서 많은 사람들이 그에게 질문을 했는데, 대부분 '어찌 그리 빨리 임원이 됐는지'를 궁금해 했다. 그때 부서장님이 하신 대답이 아주 걸작이다.

"머리가 정말 좋거나 정말 성실하거나, 아니면 성격이 좋거나, 뭐 아무거나 하나만 남들보다 월등히 잘하면 돼. 만약 머리가 좋은데 성실하면서 성격도 좋다면 그건 정말 승승장구지."

한편 내가 속한 부서의 과장님은 남들보다 학벌도 그리 뛰어나지 않고, 업무를 일사천리로 진행할 만큼 두뇌 회전이 빠르지도 않다. 그러나 희한하게도 그는 어느 부서에 가더라도 부서장의 신임을 받는다. 그래서일까, 그는 회사에서 지원하는 MBA 과정에 선발되어 교육을 받고, 동기들보다 진급도 1년 빠르게 했다. 나뿐만 아니라 많은 사람들이 그의 출세요인을 궁금해 했다.

그때부터 그를 유심히 관찰했다. 그는 남들보다 빨리 출근하고 늦게 퇴근했다. 자율출근제와는 담을 쌓은 것처럼 누구보다 회사에 오래 머물렀다. 물론 회사에 오래 있는 게 곧 능력 있음을 의미하지는 않지만 부서장 입장에서는 이런 사람이 함께 일하기가 편해서 중요한 일을 자주 맡기게 된다. 당연히 인사고과가 좋을 수밖에 없고, 부서의 '반장' 혹은 '주무' 역할을 꿰차게 될 수밖에 없다.

이럴 때 토끼와 거북이 이야기가 단순히 재밌는 우화에 그치는 것이 아님을 깨닫는다. 달리기 잘하던 토끼는 느리지만 성실한 거북에게 끝내 추월당했다. 달리기 실력이 능사는 아니었던 것이다. 머리가 좋으면 학교에 진학할 때는 유리할지 모르나 회사에서는 그것만으로 부족하다. 회사는 머리가 좋다고 해서 만사형통한 곳이 아니다. 그렇기에 더 어렵고, 한편으로는 더 다행이다. 입사 전에는 여러 준비를 해야 하지만, 노력하는 자세와 성실한 태도만 있다면 좋은 회사에 들어갈 준비는 어느 정도 갖춘 것이나 마찬가지다.

03
삼성고시를
먼저 통과해야

해마다 대학가에는 고시 열풍이 분다. 고시의 종류도 많은데 그중 외무고시, 행정고시, 사법고시, 그리고 최근에 인기를 끈 '교사임용고시'가 잘 알려져 있다. 그리고 학생들은 여기에 하나를 더 추가한다. 삼성고시라고 하는 SSAT가 바로 그것이다. SSAT는 일부 특채를 제외하고는 신입 공채 시 필수로 거치는 입사시험이다.

평가 항목은 여러 가지이며, 구체적인 내용은 다음 장에서 알아보고, 이 장에서는 간략한 구성만을 소개하겠다. 나 역시 SSAT를 보았고, 신입 입문교육 단계에서 영어 테스트도 했으며, SSAT시험 감독관을 해본 적도 있다. 일단 삼성은 그저 머리 좋고 똑똑한 이들을 가려 뽑고자 이런 시험을 보는 것이 아님을 알려둔다.

먼저 기초적인 IQ와 공간지각능력 테스트를 한다. 문제는 '종이를 n번 접은 뒤 구멍을 낸 다음 펼치면 어디어디에 구멍이 생기겠는가?' 하는 식이다. 다음으로는 상식, 지식을 테스트하기 위해 한자어의 의미 등을 묻는다. 그 다음 경제 상식이나 전공 분야 등 다방면에 걸친 평가 항목이 제시된다. 마지막으로는 인성과 적성을 보는데 생각보다 많은 사람들이 여기서 탈락한다. 아마 회사 가치관과 맞지 않는 인재였기 때문일 것이다.

나는 SSAT를 두 번 봤다. 첫 시험은 군대 제대를 앞두고 취업 준비를 하려고 응시했는데, 이때는 정말 아무 준비 없이 서점에서 참고서 한 권을 읽어본 것이 전부였다. 두 번째는 좀 더 신중히 준비하고 시험을 봤다. 돌다리도 두들겨보고 건너라는 말처럼, 문제집도 사서 풀어보고, 챕터별로 꼼꼼하게 읽으며 전체적인 윤곽을 잡고 시험을 보았다.

첫 시험이 고졸 신인 투수가 프로야구에서 베테랑 선수를 겁도 없이 상대한 것과 같았다면, 두 번째는 그 고졸 선수가 신인왕이 되어 마음가짐을 달리한 것과 같다. 다행히 두 번 모두 합격하는 영광을 얻었다. 기출 문제를 충실히 학습한 것과 나의 간절한 염원, 혹은 회사와의 궁합(?) 덕분도 있었으리라.

수능시험도 예상 기출 문제를 여러 번 풀어본 사람이 유리하듯, SSAT도 예상 문제를 많이 풀수록 좋다. 요즘은 삼성뿐 아니라 다른 대기업도 입사시험을 치르는 곳이 많다. 만일 들어가고 싶은 회사가 있다면 시험 전에 기출 문제를 꼭 풀고 도전하자.

04
실력도 있고,
재미와 감동이 필요한 면접시험

　　　　　　　　　　　삼성 면접은 프레젠테이션, 실무진 면접, 임원 면접, 영어 면접으로 나뉜다. 프레젠테이션은 지식수준을 파악하는 단계다. 일단 주제를 몇 가지 주고 발표자에게 준비할 시간을 준다. 이후 각자 정해진 장소로 이동하여 면접관들에게 본인의 생각을 논리적으로 펼치게 된다. 여기서 중요하게 평가되는 것은 '얼마나 시사 상식과 전공 지식을 잘 알고 있느냐'이다. 물론 발표자의 자신감 있는 태도와 열정을 보는 것은 기본이다.

　실무진 면접과 임원 면접은 지원자의 인성과 성격을 본다. 입사 후 잘 적응할지 여부나 향후 준비된 조직 구성원으로 성장할 수 있을지 등을 살핀다. 아직 대학생에 불과한 지원자들에게 전문적인 답변을 기대하는 면접관은 거의 없다. 그저 가능성과 자신감 있는 태도, 예의 바른 모습 등을 보여주면 된다.

당연한 말이지만 면접관은 지원자가 어떤 사람인지, 회사에 잘 맞을지 등을 먼저 본 뒤 실력을 살핀다. 그렇기에 꾸밈없이 진솔한 태도로 자신을 드러내는 것이 좋다. 면접관들은 오랜 경험으로 사람을 보는 데 일가견이 있는 이들이다. 잘 보일 요량으로 거짓말을 했다가는 금세 들통 날뿐더러 면접은 면접대로 꼬이고 만다. 설령 완벽한 거짓말을 했다고 한들 그 거짓말을 감추기 위한 부담이 입사 후 더 큰 스트레스가 될 수도 있다. 물론 본인에게 불리한 내용까지 시시콜콜 언급할 필요는 없지만 주어진 질문에 최대한 진솔한 대답을 하는 것이 성공적인 면접으로 가는 지름길이다.

특히 최근 면접 트렌드는 지원자를 곤란한 상황으로 몰아넣는 압박식 면접이기에 대부분 답변하기 어려운 상황을 맞게 된다. 이럴 때는 거짓말을 하기보다는 솔직하게 약점을 인정하고, 그 점을 개선하여 회사에 보탬이 되고 개인도 발전하겠다는 대답을 하는 것이 좋다. 일반적으로 압박면접은 먼저 면접자의 약점을 짚으며 압박을 주는 질문을 하고, 그 과정에서 면접자가 스트레스에 어떻게 대처하는지를 테스트한다. 내가 경험한 압박면접은 다음과 같다.

삼성은 군수용품도 만든다. 계열사 중 하나인 삼성테크윈은 방위산업업체로 국산 자주포(탱크처럼 생겼는데 10킬로미터 이상을 사격하는 장비) K9을 제작, 판매, 수출한다. 마침 K9은 내가 군복무 시절에 자주 접했던 자주포였다. 면접위원은 내게 자주포를 아는지, 만약 자주포 영업을 하게 된다면 문과 출신이라 포가 돌아가는 원리를 잘 모를 텐데 어떻게 할 것인지를 물었다.

짧은 시간 동안 답을 고민하던 중 어떤 생각이 머리를 스쳤다. 아무리 물리학과를 졸업했다 한들 발사된 포탄이 어떤 궤도로 날아가고, 오차 범위 몇 미터 이내에 떨어질지는 모를 것이다. 오히려 며칠 전까지 실제로 포탄 사격을 지휘했던 내가 더 잘 알겠거니 하는 생각이 들었다.

"학창 시절에 아무리 많이 배운들 그것은 학문적 지식에 불과합니다. 저는 실제 전장을 가장한 훈련 상황을 뛰어다니며 몸으로 직접 자주포를 배웠습니다. 제가 배운 지식은 죽은 지식이 아니라 살아 있는 지식입니다."

내 말에 면접관들은 껄껄 웃으며 반문했다.

"그럼 조승표 씨의 장점은 뭔가요?"

나는 침착하게 대답했다.

"졸업 후 2년 반 동안 장교로 군 복무를 했습니다. 졸업을 앞둔 또래 친구들에 비해 먼저 직장생활을 한 것이나 마찬가지입니다. 수없이 반복되는 훈련 준비와 야간근무를 통해 선후배들과 팀워크를 맞추는 방법을 터득한 것이 학점, 지식을 뛰어넘는 제 장점입니다."

그렇게 면접은 막바지로 접어들었고, 마지막으로 하고 싶은 말을 한마디 할 수 있는 시간이 주어졌다. 이때는 면접장 분위기를 고려하여 마지막으로 자신을 확실하게 각인시킬 수 있는 기회다. '뽑아주신다면 열심히 하겠습니다'라는 상투적이고 예측 가능한 멘트는 지양하자. '나 이런 사람인데, 이래도 안 뽑으실 거예요?' 투의 창의적이며, 자극적인 멘트가 좋다.

시인 이육사의 〈절정〉이라는 시를 잠시 살펴보자.

매운 계절의 채찍에 갈겨
마침내 북방北方으로 휩쓸려오다.

하늘도 그만 지쳐 끝난 고원高原
서릿발 칼날진 그 위에 서다.

어디다 무릎을 꿇어야 하나
한발 재겨 디딜 곳조차 없다.

이러매 눈 감아 생각해볼밖에
겨울은 강철로 된 무지갠가 보다.

세 번째 연까지 읽다보면 시 리듬이 급박해지고 긴장이 최고조에 달한다. 글의 흐름이 절정을 치달을 때 시가 끝난다면 독자는 아쉬움과 허망함을 느낄 것이다. 그러나 마지막 연에서 시는 독자들에게 쉴 틈을 준다. '이러매 눈 감아 생각해볼밖에' 눈을 감고 돌이켜 생각할 시간을 갖다보면 시는 가파른 상승곡선에서 한풀 꺾임과 동시에 강한 여운을 남기며 끝난다. 면접도 이와 마찬가지다.

면접관들이 당신을 뽑을 것인지 말지 고민만 하다가 끝나게 하지 말자. 면접관들과 당신 사이에 오간 치열한 공방과 논리적인 답변들은 밀어버리고 그들에게 생각할 시간을 주자.

참고로 나는 다음과 같이 말했다. 마침 2006년 월드컵이 끝난 지 얼마 되지 않은 때였다.

"월드컵은 세계인의 축제라고 합니다. 그러나 그것은 어디까지나 관중들에게만 축제일 뿐 조국에 대한 자부심을 안고 뛰는 선수들에게는 전쟁과 같습니다. 밖에서 볼 때 삼성은 언제나 뛰어난 성과로 좋은 소식을 들려주지만, 그 안에 있는 이들은 피 말리는 전쟁의 연속일 뿐입니다. 제가 신입사원으로 들어가서 선배님들과 조직에 힘이 되어드리겠습니다."

면접은 스토리텔링으로 자기 자신을 마케팅하는 것이나 마찬가지다. 많은 학생들이 면접을 준비할 때 전문 지식에 초점을 맞추는데, 이는 면접관에게 큰 감흥을 줄 수 없다. 면접관은 이미 그 분야의 전문가이기에 아마추어 대학생이 아무리 전문 지식을 뽐낸들 별다른 매력을 느끼지 못한다. 더욱이 면접관들은 아침부터 하루 종일 이야기를 반복해서 듣기에 그 사람이 그 사람인 듯 헷갈릴 수도 있다. 본인은 참신하다고 생각해서 하는 이야기일지 모르나, 수년째 면접을 주관하는 이들에게는 그저 또 다른 진부한 이야기일 뿐이다.

여러 지원자 사이에서 자신을 각인시키려면 자기만의 스토리가 필요하다. 최근의 경험 중에서 꽤 중요하고 의미 깊었던 사건을 질문과 연결하여 대답해보자. 만약 질문과 전혀 상관없는 사연이라면 "면접관님, 그 부분은 제가 경험하지 못했으나, 제게는 이런 경험이 있습니다"라고 하며 대화 흐름을 주도하는 것도 나쁘지 않다. '그렇지 않아도 같은 대답들에 질렸는데, 어디 네 그 이야기나 들어보자' 하며 면접관들은 당신을 호기심 어린 눈빛으로 지켜볼 것이다. 또한 상대방에게 끌려가는 대화에서 벗어나 주도적으로 면접을 이끌어가는 모습이 참신하고 강렬한 인상으로 남을 수 있다.

아침 9시부터 계속되는 지루한 면접 일정에서 면접관들은 실력과 재치를 겸비한 인재를 찾게 된다. 그렇기에 이야기를 잘 풀어나가는 것이 좋은 점수를 받는 지름길이다. 물론 실력도 중요하다. 실력 없이 재미있는 농담만 해대는 것은 절대 금물이다. 다만 같은 값이면 다홍치마라고, 실력이 비슷비슷하다면 그에 덧붙여 재미와 감동을 주는 게 좋다는 말이다.

🔷 나의 입사 뒷이야기

학창 시절, 10년 뒤 내가 무엇을 하고 있을지 정말 궁금했다. 어릴 때는 파일럿을 꿈꿨고, 한때는 외교관을 꿈꾸기도 했었다. 그땐 삼성맨이 되어 있을 줄은 상상도 못했다.

학부 입학을 위해 면접을 보러가던 날, 학교에 웬 제복을 입은 사람들이 다니는 게 아닌가? 우연히 알게 된 ROTC 제도가 2,30대를 좌우할 중요한 일이라는 사실을 그땐 몰랐다. 나는 ROTC를 선택했다. 졸업 후 소위로 임관하여 11사단에서 포병 장교로 근무하면서 자주포 부대의 소대장으로 근무할 기회가 있었다. 자주포가 국산이라고 하는데, 이런 장비는 누가 만드는 건지 궁금했다. 알고 보니 제조사는 삼성테크윈이었다.

"아, 삼성에서 전투장비도 만드는구나. 대단한 회사네!"

삼성테크윈이 궁금해서 조금 더 알아봤더니 디지털 카메라를 만드는 국내 유일의 회사였다. 2000년대 초반에는 디지털 카메라가 휴대폰만큼이나 센세이셔널한 제품이었다. 필름 없이도 사진을 찍을 수 있고, 컴퓨터에 저장도 할 수 있는 기능은 싸이월드나 각종 블로그가 만개하던 시절 젊은 사람들에게 날개를 달아주는 것과도 같았다.

"오호라, 디지털 카메라의 미래가 밝구나. 안정적으로 군수장비도 만드는 회사인 삼성테크윈에 취직해야겠다."

입사 전에 자신이 관심을 가진 회사에 대해 잘 알아야 한다. 수시로 뉴스를 확인하고 주력 제품이 무엇인지, 경쟁 현황은 어떤지 알고 있는 사람과 모르는 사람은 애당초 게임이 되지 않는다. 나는 시간을 내 직접 강남 전자상가에 가서 판매사원한테 카메라에 대해 배웠다. 최근 트렌드는 무엇인지, 특히 삼성 카메라는 경쟁사에 비해 화소와 디자인은 어떤지 등등 고객의 입장에서 궁금한 것은 모조리 물어봤다.

실제 입사 면접에는 카메라업계에서 수십 년간 근무한 전문가들이 면접관으로 들어온다. 면접관의 어려운 질문에도 당당하게 이야기할 수 있었던 것은 바로 엊그제 카메라 판매점에 가서 판매사원들의 생생한 목소리를 들었다는 자신감 때문이었다.

입사 후 카메라 사업이 승승장구하던 중 카메라 사업부 전체가 아예 삼성전자로 이사를 왔다. 요즘 대학생들 설문조사로는 삼성전자가 입사하고픈 회사 1위를 수년간 지키고 있다는 말을 들었다. 나로서는 정말 소 뒷걸음질치다가 대어를 잡은 것만 같다. 다녀볼수록 삼성은 나와 궁합이 잘 맞는 회사다.

내가 부러운가? 부러우면 지는 거다! 삼성전자에 입사하고 싶다면, 삼성에 대해 관심이 있다면 부러워만 하지 말고 당장 전자상가로 달려가라. 휴대폰, 텔레비전, 컴퓨터, 세탁기, 에어컨, 냉장고 등 삼성에서 만드는 제품은 수없이 많다. 가까운 삼성디지털플라자도 좋다. 본인이 가장 관심 있고, 본인에게 잘 어울릴 만한 제품을 골라라. 그리고 조금만 더 연구해보자. 신문 기사도 좋다. 인터넷에서 흔히 볼 수 있는 기사들은 물론이고 종이 신문지에 실린 무게감 있는 기사들도 꼼꼼히 챙겨보자.

아랍권에서 '인샬라'는 신의 뜻을 의미한다. 우연인 줄 알았더니 필연이었던 것, 알고 보니 신의 뜻이었다고나 할까? 대학 입학 면접 때 우연히 알게 된 ROTC로부터 시작된 긴 여정은 삼성전자에서 열매를 맺고 있다. 열매가 얼마나 열릴지는 조금 더 두고봐야겠지만.

05
인턴이라고
다 유리한 건 아니다

　　대학을 갓 졸업했을 뿐인데 당장 내
일부터 대기업 회사원으로 제몫을 다할 수 있을까, 걱정이 앞설 것이
다. 회사생활이 힘들지는 않을까, 걱정될 것이다. 당연한 걱정이다.
학생에서 바로 회사원이 될 수는 있지만, 처음부터 좋은 회사원이 되
기는 어렵다. 실무 경험이 없으니 당연하다. 잘 돌아가고 있는 조직
에 갑자기 끼어들어 능률이나 떨어뜨리지 않으면 다행이다. 그래서
신입사원은 대개 겁을 먹고 군기가 바짝 들어 있다. 상사는 그런 사
원을 보며 '저 녀석을 언제 키워 제몫을 하는 사원으로 만들지', 한숨
부터 나올 것이다. 그런 이들을 위해 인턴십 제도가 있다.
　　인턴십은 학생과 회사원 사이에서 완충 작용을 해주는 제도다. 학
생은 입사 전에 적응 기회를 갖고, 회사는 정식 채용 전에 신입사원

을 미리 평가할 수 있어서 좋다. 국내 회사들은 아직까지 여름방학과 겨울방학 기간 동안, 또는 단 몇 개월 정도 잠시 경험하게 해주는 데 머무르고 있지만, 외국에서는 이미 정식 채용에 앞서 계획적으로 인턴 제도를 활용하여 충분한 적응 기간을 주고 있다.

내가 있는 부서에도 인턴사원이 세 명 들어왔었다. 해외 마케팅부서에 두 명, 국내 영업에 한 명이었다. 인적 사항은 다음과 같다.

미국 MBA 출신의 싱가포르 국적 여학생.
미국 대학에 다니는 한국 남학생.
서울 중위권 대학에 재학 중인 남학생.

세 명 모두 성실하고 똑똑했지만 각자 장단점이 달랐기에 그들에 대한 부서원들의 평가도 조금씩 달랐다. 그렇다면 누가 가장 좋은 평가를 받았을까? 인사팀이 아니기에 공식적인 평가 데이터를 알 수는 없었다. 하지만 부서원들의 의견을 종합해본 결과 서울 중위권 대학에 다니는 남학생의 평판이 가장 좋았다. 영어 실력은 조금 떨어졌지만 성격이 서글서글하고, 노력하는 모습을 많이 보였다는 것이다.

실제 업무에서의 프로젝트 수행 능력은 영어 실력과 정비례하지는 않는다. 인턴사원의 경우는 주제를 하나씩 정해서 실전에 쓸 수 있는 프로젝트를 수행한다. 프로젝트는 부서마다 내용이 달라 팀 프로젝트가 될 수도 있고, 개인별 프로젝트가 될 수도 있다. 마지막 주에 자신이 수행했던 프로젝트 내용을 발표하는데 이게 인턴사원을 정식 채용하느냐, 마느냐를 가르는 중요한 평가 지표들 중 하나가 된다.

세 사람의 프로젝트는 각각 달랐다. 먼저 싱가포르 국적의 여학생은 삼성과 소니 제품을 비교하고 향후 발전 방향을 제시했다. 본인은 고민을 많이 하고 자료를 준비한 듯했지만 이 분야에 대해 수년간 일하면서 고민해왔던 부서원들에게는 너무도 평범하게 느껴지는 발표가 됐다. 해외파 남학생은 실제로 경쟁사에서 진행하고 있는 온라인 마케팅 사례를 분석했는데, 분석 결과가 매우 좋아 내가 론칭하는 제품에 적용하고 싶을 정도였다.

국내파 남학생은 삼성 TV의 주요 세일즈 포인트를 정리하고, 그것을 가수 싸이의 '강남스타일'을 개사한 뮤직비디오로 표현했다. 제품 정보가 차곡차곡 잘 담겨 있고, 노래도 매우 잘했다. 알고 보니 이 친구는 밴드 동아리 보컬이었는데, 집에 음악 작업실이 있을 정도로 전문가였다. 취미와 일을 결합해서 새로운 모습을 보여준 데다 마지막 프로젝트 직전 밤늦게까지 일함으로써 짧은 기간 안에 모두에게 성실성과 능력 면에서 좋은 평가를 받았다.

예전과 다르게 요즘엔 외국인 인턴들도 많이 들어온다. 그것도 명문대에 재학 중인 뛰어난 인재들이 한국 회사의 인턴십에 지원을 한다. 이는 한국 학생들이 경쟁해야 할 대상이 국내에서 해외까지 확장됐다는 것을 의미한다. 영어 실력까지 겸비한 해외파 학생들을 뛰어넘으려면 전보다 더 많은 노력이 필요할 것이다.

그렇다고 너무 좌절하지는 말자. 영어만 잘한다고 다는 아니다. 자국 문화는 자국민이 가장 잘 안다. 조직 문화에 익숙한 한국 인재들이 해외파보다 좋은 평가를 받을 확률이 높다. 한국적인 모습을 갖췄으면서 세계로 통할 수 있는 실력까지 겸비한 인재가 가장 바람직한 인재다.

삼성의 경우 인턴사원으로 근무했던 이들이 최종 입사시험에서 뽑힐 확률이 높다. 인턴사원들은 이미 삼성 입사 필기시험을 통과한 데다 짧은 기간이었지만 본인의 능력을 보여줄 기회도 있었기에 일반 지원자보다 유리하다. 물론 모든 인턴사원이 합격하는 것은 아니다. 인턴 기간 동안 배움을 소홀히 했거나 나태한 모습을 보였다면 당연히 감점 대상이다.

신입사원들의 능력은 대개 비슷비슷하다. 그렇기에 배우려는 자세와 긍정적인 태도만 갖추면 얼마든지 이 시기를 잘 헤쳐나갈 수 있다. 회사가 바라는 것은 이들이 매너리즘에 빠지기 쉬운 선배들에게 신입다운 열정과 긍정적인 기운을 불어넣어주는 것이다.

인턴십에 관심 있는 대학생이라면 뜨거운 열정을 품고 삼성 인턴십에 도전해보길 바란다.

06

나와 궁합이 맞는
회사를 찾아라

'된 사람이 되자!' 언제 들어도 가슴에 와 닿는 이 말은 내가 다녔던 중학교의 교훈이다.

학교에 교훈이 있다면 회사에는 사훈이 있다. 회사가 추구하는 가치관을 공유하기 위해 정해놓은 문장이 바로 사훈이다.

교훈과 사훈에는 큰 공통점 하나와 미묘한 차이점 한 가지가 있다(취업 준비생이라면 주목하자. 이 부분을 주의 깊게 읽어두면 큰 도움이 되리라 생각한다). 우선 교훈을 이해하기 위해서는 학교가 왜 생겨났는지 생각해볼 필요가 있다. 역사적으로 봤을 때 학교는 국가가 원하는 인재를 키워내기 위해 세워졌다. 그리고 그 목적에 맞는 커리큘럼을 만들어서 교육시키는 곳이 근대적인 학교의 시초라 할 수 있다. 국가와 사회가 필요로 하는 인재를 육성하는 곳이 바로 학교이고, 학교마다 비숫한 내용의 교훈을 설정해놓은 것은 바로 이 때문이라 할 수 있다.

이윤 추구가 목적인 회사에는 사실 사훈이 존재할 필요가 없다. '돈 많이 벌도록 열심히 똑똑하게 일하기'라는 문구 하나면 충분하다. 이 게 사실일까?

한 연구 결과에 따르면 100년 이상 지속된 회사의 특성을 조사해봤 더니 그 회사에는 조직 구성원이 공유하는 고유의 문화와 가치관이 있었다고 한다. 반대로 이야기하면 회사 고유의 문화와 가치관이 없 다면 100년 이상 지속하기 어렵다는 말이다. 따라서 의식 있는 경영 진은 보다 높은 차원의 가치관을 구성원에게 제시해야 한다. 이것이 바로 세련되게 포장되어 사무실에 걸려 있는 사훈이다.

이러한 내용이 왜 취업을 앞둔 이들에게 도움이 되느냐고? 잘 생각 해보자. 사훈을 보면 그 회사가 어떤 사람을 원하는지 짐작할 수 있 다. 따라서 모든 구직자들은 희망하는 회사의 사훈을 먼저 챙겨보아 야 한다. 이미 경영진이 '성실하고 꼼꼼한 사람을 뽑겠소'라고 인터넷 으로 사훈을 공지해놓았는데, 본인은 '창의적이고 톡톡 튀는 인재'라 고 어필한다면 결과가 어떨까? 절대 뽑히지 않을 것이다. '좀 덤벙대 긴 하지만 아이디어는 기가 막히게 좋답니다'라고 한다면 광속으로 탈락이다. 아쉽지만 '창의적인 사람을 뽑겠소'라고 사훈을 공지한 곳 으로 발걸음을 돌리는 것이 낫다.

사훈에서 보이는 회사의 가치관과 내 가치관의 만남, 그것이 회사 와 나의 궁합이다. 요즘은 취직시험을 볼 때 다면평가를 통해 지원자의 특성을 정확히 구별해낸다. 단순히 아이큐와 상식만 보는 것이 아니라 지원자의 성향, 즉 창의적인지 성실한지, 강한 리더형인지 협조자형인지 등을 분석하고, 그 성향이 회사와 잘 맞는지를 보는 것이다. 아마도 주변에서 '계속 떨어지다가 여기는 희한하게 한방에 쉽게 붙었어'라고 말하는 경우를 봤을 것이다. 다른 회사와는 궁합이 잘 안 맞았고, 그 회사하고는 궁합이 잘 맞았기 때문에 뽑힌 것이다.

삼성전자에서 추구하는 핵심 가치는 '인재제일', '최고지향', '변화선도', '정도경영', '상생추구', 이렇게 다섯 가지다. 이것들은 업무에 임할 때, 혹은 일상생활을 할 때 자연스레 반영된다. 나 역시 업무를 할 때 최고를 지향하고 변화를 추구한다. 그리고 여러 업체들과 함께 일할 때는 협력업체들이 적절한 이윤을 남길 수 있도록 삼성전자 규정 단가표에 의거하여 정산을 한다. 그리고 두말할 것도 없이, 마케팅 아이디어 수립 시 제품의 특장점을 잘 살려 고객에게 전달하되 경쟁사를 깎아내린다든지 과장광고를 한다든지 하는 등 도리에 어긋나는 행동은 하지 않으려 노력한다.

만약 삼성에 지원하고자 한다면 먼저 삼성의 가치관과 사훈, 인재상부터 제대로 알고 자신이 여기에 맞는 인재인지 파악해보기 바란다. 다른 회사에 지원하는 경우도 마찬가지다.

좌충우돌, 나의
신입사원 적응기

SAMSUNG STORY

01
돈 주고
배움도 주는 회사

학교의 주인은 누구인가? 학창 시절, '학교의 주인은 우리(학생)입니다'라는 말을 종종 해본 적이 있을 것이다. 정말 그럴까? 아니다. 학교의 주인은 이사장, 교직원이다. 학생은 그들의 고객일 뿐이다. 지나친 표현일 수도 있지만, 각 학교의 이사장에게 학교가 누구의 것인지 물어본다면 '내가 어떻게 설립한 학교인데'라는 대답이 돌아오지 않을까?

난데없이 학교의 주인이 누구인지 가려서 무엇 하느냐고 물을지 모르겠지만, 학교와 회사는 비슷해 보여도 근본적으로 차이가 있다. 학교는 학생이 고객이다. 회사와 직원의 관계에서는 회사가 고객이다. 돈을 주는 쪽이 고객이다. 그렇다면 회사의 주인은 누구인가? 두말할 것도 없이 주주가 주인이다. 주주들로부터 매달 일정한 월급을 받는 대가로 우리는 회사에 노동력을 제공한다. 입사 전까지만 해도 마음 편히 돈 내고 학교 생활을 즐기는 고객이었지만, 입사와 동시에 고객(회사)을 위해 일을 하는 입장으로 바뀐다. 직장인이라면 이 어마어마한 차이를 몸으로 느껴보았을 것이다.

예를 들어 생각해보자. 학생은 수업시간에 졸거나 딴짓을 해도 된다. 학생의 본분을 생각하면 그래서는 안 되겠지만, 일단 돈을 지불했으므로 학교에서 제공하는 서비스를 이용하든 안 하든 그것은 전적으로 구매자인 학생의 자유다. 반면 회사에서 직원은 업무시간에 졸아서는 안 된다. 주어진 업무 외에 다른 일을 하는 것은 더더욱 안 된다. 잠은 집에서 밤에 자고, 다른 일은 업무시간 외에 하도록 회사와 계약을 맺었기 때문이다. 대신 우리는 회사로부터 월급을 받는다.

우리나라 복지여건상 쉽지는 않겠지만 등록금은 반으로, 월급은 두 배가 되었으면 좋겠다는 생각을 한다. 싸게 구매하고 높게 판매하고, 이 얼마나 좋은 세상인가.

삼성그룹은 매해 수천 명의 신입사원을 뽑는다. 모든 신입사원은 입사하자마자 4주간 합숙교육을 받는다. SVP-Samsung Shared Value Program(신입사원과 신입임원을 대상으로 실시하는 가치공유 프로그램)라는 과정인데, 이 기간 동안 모든 수강생들은 부족한 잠과 사투를 벌인다. 나 역시 그랬다. 특히 조용하고 차분한 실내 강의가 있는 날이면 '이때다!' 하고 쪽잠을 자기 위해 지도 선배들의 눈치를 봤다. 반대로 지도 선배들은 스리슬쩍 눈을 감으려드는 우리를 귀신같이 잡아내어 벌점을 주고, 졸지 못하도록 감시했다. 이런 상황을 잘 알고 있던 한 지도 선배는 신입사원 전체가 모인 자리에서 이렇게 말했다.

"여러분은 더 이상 학생이 아닙니다. 더 이상 돈을 지불하는 갑의 위치가 아닙니다. 겉보기에는 학창 시절과 똑같은 강의처럼 보일지 몰라도, 지금 여러분은 월급을 받으며 강의를 듣고 있는 것입니다. 따라서 졸음이 오더라도 절대로 졸아서는 안 됩니다."

그렇다. 아무리 졸려도 절대 졸면 안 되는 곳이 회사다. 또한 업무 이외의 다른 일을 하면 안 되는 곳이 바로 회사다.

최근 스마트폰 사용이 급속도로 확산되면서 많은 직장인들이 스마트폰을 사용한다. 이들 중에는 업무시간에 휴대폰을 만지작거리며 딴짓을 하거나, 심지어 몰래 주식거래를 하는 경우도 심심찮게 있다. 기본적으로 업무시간에는 업무에만 충실해야 한다는 사실을 인지하고 있음에도 잠깐씩 다른 데 한눈을 판다.

가만히 돌이켜보면, 성적이 좋은 아이들 가운데 수학시간에 영어를 공부하고, 영어시간에 수학을 공부한 친구는 거의 없었다. 우등생들은 대부분 수업시간에 충실히 공부하고, 체육시간에 열심히 뛰어놀고, 밤에 푹 잔다.

부서에서도 마찬가지다. 성공하는 선후배들은 업무시간에 한눈팔지 않고 일을 하고, 점심은 후딱 해치우고 5분 정도 눈을 붙인다. 다시 업무에 돌입할 때는 화장실에 갈 시간도 없이 열심히 일에 집중한다. 가끔은 그 시간관리 능력이 부럽기도 하다. 이들은 대부분 받는 월급 이상의 가치를 창출하겠다는 목표가 있다. 나 또한 이러한 선후배들의 모습을 보며 배우는 점이 많다.

02
누구나
시작은 고되다

서류심사와 SSAT, 그리고 면접을 통과하면 드디어 입사가 확정된다. 그 다음 과정은 신입사원교육. 삼성에 합격한 후 신입 교육을 받으러 가는 나를 자랑스럽게 바라보시던 어머니의 눈빛이 아직 생생하다. 교육은 산청에 있는 연수원에서 진행되었다. 인원 전체가 모인 자리에서 진행자 선배가 말했다.

"좋은 회사에 들어오신 여러분들 축하합니다. 이제 한 달이라는 연수 기간 동안 여러분은 대학생에서 사회인으로 거듭나게 될 것입니다. 이 기간 동안 가장 중요한 것은 'Back to the Basic(기본으로 돌아가라)'입니다. 그동안 학교에서, 학원에서 혹은 많은 단체에서 기본을 무시하고 바로 결론으로 도달하는 방법을 많이 배우셨을 텐데, 사회에서는 기본이 제일 중요합니다. 인사, 정직, 성실 등등 알면서도 실천하지 않았던 것들을 다시 익히고 제대로 습관으로 만들기만 한다면 저는 더 이상 바랄 게 없습니다."

삼성 입문교육은 실무보다는 올바른 태도와 마음가짐을 만들어주는 과정이다. 여기에 덧붙여 회사 전통과 역사, 문화를 소개한다. 어찌 보면 세뇌라고 느껴질 만큼 회사의 장점에 대해 교육하는데 이는 입사 후 매우 큰 도움이 된다.

신입사원교육 기간 동안 가장 기억에 남는 과정은 '라마드 프로그램'이다. 두 명이 한 조가 되어 지정된 삼성 제품 하나를 연수원 밖에 나가 파는 것으로, 하루 동안 가장 이익을 많이 남긴 팀이 우승하게 된다. 생전 처음 가보는 곳에서 물건을 팔고, 원가를 제외한 수익으로 식사도 하고, 연수원으로 되돌아오는 버스도 타야 한다. 반칙을 미연에 방지하기 위해 교육생들은 지갑을 비우고 출발한다.

우리 조의 미션은 삼성 디지털 카메라를 20만 원에 판매하는 것이었다. 친한 동생과 조를 짜고 아침부터 구멍가게, 부동산, 식당 등을 돌아다니며 삼성 카메라를 인터넷보다 싼 가격에 드릴 테니 사지 않겠냐고 묻고 다녔다. 이때 우리는 현재 상황을 정직하게 말했다.

"이번에 삼성에 입사한 신입사원입니다. 지금 실제로 제품 판매를 하며, 구매하시는 분께는 인터넷 최저가보다 싸게 제품을 드리고 있습니다. 어차피 디지털 카메라를 살 계획이라면 저희에게 사는 건 어떠신지요?"

하지만 눈을 씻고 찾아봐도 물건을 사려는 사람은 없었다. 오전까지 한 대도 팔지 못하면 점심도 굶을 판이었다. 나와 동생은 필사적으로 몸부림을 쳐봤으나 현실은 냉랭했다. 정초부터 20만 원을 벌기는 너무 어려웠다. 어느덧 중간 점검시간인 1시가 가까워지고 있었다.

우리는 마지막으로 한 곳만 더 들러보기로 하고 근처 회계사 사무실로 들어갔다. 거절당하더라도 시도는 한번 해보자는 마음으로 들어간 그곳 사장님은 우리를 따뜻하게 맞아주셨다. 추운 겨울에 고생이 많다며 차도 한잔씩 주시고, 국내 최고 기업인 삼성에 입사한 것을 축하한다는 말씀도 해주셨다. 게다가 "앞으로 나라의 중추적인 역할을 할 분들이니 제품이 괜찮으면 하나 사겠습니다"라고 말씀해주시는 게 아닌가? 우리는 속으로 환호성을 질렀다.

그날 우리는 카메라 값을 빼고 만 원을 벌어 점심을 먹을 수 있었다. 돈 벌기가 쉽지 않다는 것을 알려준 귀한 경험이었다. 또한 세상은 마냥 차갑지만은 않다는 것도 알게 됐던 날이다.

이 경험 외에도 여기에는 언급할 수 없지만 대외적으로 비밀을 유지하는 흥미로운 커리큘럼들이 많다. 꼬박 한 달간 교육을 받는데, 한 달이 어떻게 지나는지 모를 정도로 재미있고 박진감 넘치는 프로그램이 많다. 물론 때로는 피곤하고 때로는 힘들지만, 교육을 마치고 나면 팀원들과 전보다 더 사이가 돈독해져 있다. 놀면서도 많은 것을 배울 수 있고, 즐거우면서도 고된 이 경험들을 영원히 잊지 못할 것이다.

🎁 계열사 자체 입문교육

입문교육은 계열사와 구분 없이 모든 신입사원이 한자리에 모여 받는 교육이다. 이 과정이 끝나면 계열사별로 인원을 나누고, 다음 교육이 열린다. 1차 교육이 대학생에서 사회인으로 변하는 과정에 초점을 맞추었다면 2차 교육은 실무와 관련된 교육이다. 각 계열사들이 언제 설립됐고, 어떤 재화와 서비스를 제공하고, 손익은 어떻게 내는지 등을 알려준다.

삼성그룹은 크게 금융과 전자 계열로 나뉘는데, 나는 전자 계열로 들어갔다. 삼성전자는 제조업체라 국내에 공장이 많다. 나는 창원 카메라 공장에서 2주 동안 교육을 받았다. 작업복을 입고, 이론과 실기를 배우고, 직접 제조 공정에 참여하며 제품이 어떤 과정을 통해 만들어지고 출하되는지를 배웠다. 비록 짧은 기간이었지만 제품 하나하나에 수많은 근로자들의 노력과 땀이 배어 있는 것을 알게 된 소중한 시간이었다.

03
실무 배우기의
치열함

OJT는 경영학 개론서에 나오는 말로 'On the Job Training'의 약자다. 즉 부서를 배치 받은 신입사원이 선배 혹은 전임자로부터 실무를 보고 배우는 시간이다. 선배와 후배는 소위 말하는 '사수–부사수'와도 같다. 단순히 교육만 한다기보다 직접 업무에 투입되어 일을 배운다.

나는 일단 일일 매출관리부터 배웠다. 매출 실적과 전망을 기록했는데, 실수로 숫자를 한두 개만 틀려도 해당 부서 부장님이 불려갈 정도로 문제가 커지기에 매우 신중해야 했다. 신입 한 명의 실수로 살벌한 상황이 연출될 수 있었다. 구매 부서에 배치된 동기는 나보다 더 심했다. 엑셀 파일에서 1달러라도 오차가 나면 회사에 막대한 손실을 입힐 수 있었다.

1~2주에서 길게는 한 달까지 사수는 신입사원의 업무를 꼼꼼히 챙겨준다. 그러나 그 이후에는 신입사원이 모든 책임을 떠맡게 되고, 누구도 그 일을 따로 관리해주지 않는다.

　내가 속한 마케팅기획부는 영업마케팅 팀장인 전무님을 보좌하는 부서였다. 전무님은 일일/주간 매출 관리를 매우 중요하게 생각하셨다. 우리 부서는 매일 출근과 동시에 일일 매출 현황을 전무님께 보고했다. 대개는 퇴근 전에 미리 문서를 작성해두었는데, 꼭 보고 직전에 데이터를 수정해달라는 요청이 들어왔다. 복잡한 수식이 얽히는 엑셀 파일을 다시 정리하여 인쇄까지 순식간에 끝내려니 번번이 실수가 생겼다. 퇴근 전에 정성들여 문서를 작성하고 인쇄까지 마쳐놓은들 아침 수정 한 번으로 다 엉망이 되었고, 모든 책임은 내가 지게 됐다. 이때가 가장 힘들었다.

　그래도 다행히 사수이신 과장님이 절묘한 눈썰미로 칼같이 오류를 잡아주셔서 실수가 그리 많지는 않았다. 과장님이 이상하다며 다시 확인해보라고 하면 백이면 백 문제가 있었다.

　이 같은 상황을 몇 번 겪고 나니 실력을 향상시키는 것만이 해결책이라는 것을 알았다. 하룻밤 사이에도 천지가 개벽할 수 있다. 글로벌 경영 시대에서 아침에 급히 자료를 수정해야 하는 건 어찌 보면 당연한 일이다. 내가 할 일은 어떤 경우에도 틀리지 않고 바른 수치표를 만들어내는 것이었다.

　OJT는 담당 선배에게 실무를 배우는 과정이다. 그러나 나는 OJT

를 'Oh! Jesus! Training for Million Dollars'라고 부르고 싶다. 쉬워 보이는 업무 하나에 수백만 달러가 왔다 갔다 한다. 정신을 바짝 차릴 수밖에 없다. 부서에 배치된 순간 본인의 실수가 고스란히 회사의 손실로 이어진다는 것을 명심하자.

04
애사심이 확 생기는
신입사원 페스티벌

　　　　　　　　　　삼성 신입사원들 사이에는 "삼성 입사 후 1년 이내에 퇴사하면 '이것'을 경험하지 못하기 때문에 최소 1년은 있다 나가야 한다"라는 말이 있다. 이것은 무엇일까?

　신입 입문교육부터 OJT를 지나 현업 배치까지, 그 살 떨리는 생활을 1년간 하다보면 어느덧 6월이 다가온다. 6월 말에는 삼성의 신입사원들에게 특별한 일이 벌어진다. 바로 강원도의 한 리조트에 모든 신입사원이 모여 '하계수련대회'를 펼치게 되는 것이다. 신입사원 7~8천 명, 해외 지법인의 외국 인력 수백 명, 임원진 수백 명 등 그 규모만 해도 어마어마해서 한 끼 식사 준비조차 만만치 않은 그런 행사다. 그런데 그 행사 자체가 너무 재미있고 절대 다른 곳에서는 경험해볼 수 없을 만큼 이색적이기 때문에 많은 신입사원들이 과중한 업무에 지쳐 퇴사하고 싶다가도 이 하계수련대회 때문에 버티는 경우도 많다.

하계수련대회에서 신입사원들은 각 회사의 여러 부서로 나뉘어 업무를 수행하고 있는 입문교육 동기들을 만나고, 그때 함께했던 지도선배와 대화의 시간을 갖게 된다. 그리고 유명 가수와 사내 임직원밴드의 공연도 관람하고, 다음 날 오전에는 명사와의 시간을 갖기도 한다.

하계수련대회의 하이라이트는 응원전이다. 보통 수천 명의 신입사원들이 다섯 팀으로 나뉘어 각각 응원을 준비한다. 이때 빠지지 않는 것이 마스게임이다. 대열을 갖춘 상태에서 정해진 음악에 맞춰 각각의 깃발을 위로 들면, 위에서 볼 때 정말 환상적인 그림들이 나타났다가 사라지면서 한 편의 멋진 뮤직비디오가 완성된다. 역대 마스게임 중 가장 유명한 것이 핸드폰을 꺼내 전화를 받는 영상과 피겨스케이팅을 하는 영상인데, 아마 포털사이트에서 쉽게 찾아볼 수 있을 것이다.

요즘은 조금 바뀌었지만, 당시 응원전 준비를 위해 일주일 전부터 합숙했던 기억이 난다. 잠자고 밥 먹는 시간을 빼곤 오로지 응원전 준비만 했었다. 몸은 정말 피곤했지만 마음만은 참 즐거웠던 시간이었다.

삼성에 입사한 사람들 대부분은 나름대로 열심히 살았고 노력도 많이 했기 때문에 자부심과 자존심이 강하다. 그러나 조직이 잘되기 위해 중요한 것은 개개인의 자존심이 아니라 화합하는 모습일 것이다. 회사가 괜히 수억 원을 들여 이런 행사를 진행하겠는가. 일주일 혹은 그 이상 합숙교육을 하며 전체와 조화를 이루는 자세를 배울 수 있도록 하기 위해 이러한 행사를 여는 것이다.

미국 LA를 대표하는 관광명소 중 하나는 산 중턱에 크게 박혀 있는 'HOLLYWOOD'라는 조형물이다. 삼성의 하계수련대회 행사장에도 비슷한 것이 하나 붙어 있는데, 바로 'PRIDE IN SAMSUNG'이라는 문구다. 삼성의 자부심, 긍지, 혹은 자랑거리……. 이미 수년이 지났지만 이 글을 쓰는 지금도 내 젊음의 한 페이지를 멋지게 장식한 그날의 열정이 느껴진다. 그때 나는 분명 삼성인인 것에 자부심과 긍지를 느꼈고, 내가 삼성의 자랑이 되어야겠다고 생각했다.

🔷 해외여행 vs 해외출장

아무리 해외여행을 좋아하는 사람이더라도 해외출장을 몇 번 경험하다보면 '어, 뭔가 이상하네!'라고 느낄 때가 온다. 정말 가보고 싶던 곳 혹은 경험하고 싶던 곳에 가도 학창 시절 여행하던 그 느낌을 갖지 못하는 것이다. 왜일까?

일단 해외출장을 가면 99퍼센트, 놀러 다닐 시간이 없다. 일하는 것만으로도 시간이 빠듯하다. 비싼 돈 들여 그 먼 곳까지 가서 업무를 소홀히 하는 것은 직무 유기이고, 본인 스스로도 떳떳하지 못하게 느껴진다.

출장자의 하루는 보통 시차 때문에 밤새 뒤척이다가 아침에 일어나 본사 업무를 수행하는 것으로 시작한다. 이후 현지 법인의 사무실에 도착해서도 계속되는 회의와 업무로 정신없이 지내고, 점심도 도시락으로 해결하는 경우가 많다. 심지어는 저녁식사도 밤 9시나 10시가 되어서 하고, 때론 일찍감치 먹고 들어와서 야근을 하는 경우가 태반이다. 이러다보니 놀러 다닐 시간이 없다. 오죽하면 이곳이 한국인지, 외국인지 모르겠다고 하는 사람도 있을 정도다.

나도 폴란드에 출장간 적이 있었는데, 호텔 밖으로 나가본 것은 사무실과 카메라 숍, 거래처, 단 세 곳뿐이었다.

또 다른 이유는 스트레스다. 아무리 좋은 것을 봐도 '아, 이게 그거구나!' 하고 지나치게 된다. '우와, 멋지다! 놀라운 걸?' 하는 경우는 드물다. 모로코 출장 때는 저녁식사 장소로 이동하던 중 그곳에서 가장 큰 이슬람 사원이라는 곳을 지나갔는데, 큰 감흥 없이 '아, 그렇군요' 하고 그냥 스쳐갔던 기억이 난다. 장거리 비행과 시차적응으로 인해 몸이 지치고 계속 긴장하다 보니 좋은 것도 눈에 안 들어온다. 이러한 이유로 출장 가기를 꺼려하는 임직원들도 종종 있다.

하지만 지나고 보면 '그것을 내 눈으로 봤다' 하는 자부심도 생기고, 무엇보다 그 나라 고유의 문화를 책이나 영상이 아닌 내 몸과 마음으로 직접 체험했다는 사실에 큰 만족을 느끼게 된다.

05
100점짜리
신입사원의 자세

　　　　　　　　　가끔 신입사원을 교육시킬 때가 있다. 그때 내가 신입사원들에게 꼭 말해주는 한 가지 팁이 있는데, 바로 100점짜리 신입사원이 되는 방법이다.

자, 간단한 수학 문제다. 먼저 영어의 알파벳을 A부터 Z까지 각각 1~26의 번호를 매긴다. 그런 다음 각각의 단어에 대한 합을 구해본다. 예를 들어 'LOVE'라는 단어의 합을 구해보자.

L=12, O=16, V=21, E=5

이것을 다 더하면 54점(12+16+21+5)이다.

그럼, 다 더해서 100점이 나오는 단어는 무엇일까?

A=1, T=20, T=20, I=9, T=20, U=21, D=4, E=5

이것을 다 더하면 100점(1+20+20+9+20+21+4+5).

바로 'Attitude'다.

야구경기에서 신인타자가 결정적인 순간에 홈런을 날릴 거라 기대
하는 경우는 드물다. 마찬가지로 신입사원이 들어오자마자 혁신적인
제품을 만들 거라 기대하는 회사는 거의 없다. 만약 그런 곳이 있다
면 영화 속, 소설 속 회사일 것이다.

그럼, 신입사원이 보여줘야 할 것은 무엇인가? 바로 스펀지처럼 선
배들의 가르침을 하나둘씩 모두 흡수해버리는 능력이다. 일단 받아
들인 것은 무조건 자신의 것으로 만들어야 한다. 자신이 미래의 4번
타자임을, 즉 회사를 이끌어갈 인재가 될 가능성이 있음을 보여줘야
한다. 그 가능성을 가늠할 수 있는 잣대가 바로 그 사람의 자세, 즉
'Attitude'인 것이다.

무언가 보여주려고, 자신의 능력을 드러내려고 서두르지 말자. 천
천히 가자. 하나씩 하나씩 차근차근 배우는 자세로 회사에서의 첫 걸
음을 내딛자. 그것이 바로 100점짜리 신입사원의 자세다.

06
중간고사, 기말고사보다
어려운 고과시험

많은 직장인들이 다시 학창 시절로 돌아가고 싶다고 말한다. 단, 시험은 안 보는 조건으로.

인생을 살다보면 힘들 때가 많은데, 아마도 그 이유는 삶이 시험의 연속이기 때문인 듯하다. 초·중·고부터 대학까지 매순간이 시험의 연속이었고, 중간고사와 기말고사는 그 누구도 피해갈 수 없었다. 보통 시험 기간 일주일 전부터 친구들과 놀지도 않고 밤을 새워가며 공부했던 기억이 난다. 그 시절, 그 힘든 시험을 어떻게 치렀는지 스스로가 대견할 지경이다.

회사에서도 학교와 마찬가지로 여러 가지 시험을 치른다. 삼성 역시 전 직원을 한자리에 모아놓고 경영학 및 마케팅 지식을 테스트하고 그 결과를 부서장과 개인에게 통보하는 식의 시험이 있다. 심지어

OMR 카드도 등장한다. 그러나 이런 시험은 더 큰 시험의 일부일 뿐이다. 상반기, 하반기에 한 번씩 있는 능력 평가와 업적 평가, 즉 '고과'가 정말 중요한 시험이다.

학창 시절에는 시험을 보기 전에 나 혼자만의 노력으로 지식을 머릿속에 넣고 이해하면 됐다. 그러나 직장에서의 시험은 더 복잡하고 어렵다. 일반적으로 회사에서는 상반기와 하반기에 한 번씩 고과 평가를 한다. 해당 직원이 얼마나 열심히 근무를 했는지, 얼마나 성과를 올렸는지, 그 결과 우리 회사의 매출과 성장에 얼마나 기여했는지를 따져보고 등급을 매긴다. 그리고 평가에 따라 월급과 보너스를 더 많이 주기도 한다. 이 같은 고과 평가를 통해 회사는 다음 분기 혹은 연도에 직원들이 더욱 분발해주기를 바란다.

회사 동기들을 만나면 '이번엔 고과를 잘 받아야 할 텐데'라는 말을 심심찮게 듣는다.

그럼, 어떤 사람이 고과를 잘 받을까? 학창 시절을 생각해보면 약간의 힌트를 얻을 수 있다. 일반적으로 담임선생님의 관심을 받는 애들이 성적이 좋은 편이다. 원래 머리가 안 좋은 학생도 담임선생님이 관심을 주고 격려를 하면 성적이 오른다. 반면 머리가 좋은 학생도 선생님의 관심에서 멀어지면 학교생활에 흥미를 잃고 겉돌기 시작하다가 결국 성적이 떨어지는 경우가 있다.

회사에서도 마찬가지다. 일반적으로 부서장의 관심을 받는 사람이 고과가 좋은 경우가 많다. 물론 부서장도 아무에게나 관심을 주지는 않는다. 똑똑하고, 일 잘하고, 심성도 곱고, 성실한 사람이 있다면 금상첨화일 것이다.

좋은 고과와 높은 연봉을 기대하는 이들에게 '반장'이 될 것을 추천한다. 학창 시절 반장의 역할을 생각해보자. 반장은 주로 담임선생님과 학생들을 연결해주는 역할을 하고, 반을 대표해서 주요 결정을 내리기도 한다. 때로는 궂은일도 앞장서서 하고, 가끔은 환경미화 때문에 집에 늦게 가기도 한다.

각각의 부서에는 소위 말하는 '주무'사원이 있다. 주무사원의 특징은 우선 부서장의 의중을 잘 읽고, 그 의견을 반영하여 부서원들을 리드한다는 것이다. 또한 부서원들이 무엇을 원하는지, 무엇을 싫어하는지 파악해서 부서장에게 기분 나쁘지 않게 전달한다. 이런 '주무'가 있느냐 없느냐에 따라 부서 분위기에 큰 차이가 있다. 이런 주무사원이 대개 고과를 잘 받는다.

때로는 부서 차원에서 전략 자료를 만들어 상위 부서에 보고해야 하는 경우가 있다. 이런 일은 누구 한 명의 일이라기보다는 부서 전체의 일이다. 부서장으로서는 이러한 일을 믿고 맡길 사람이 필요한데, 대부분의 부서원들은 하기 싫어서 눈치만 보는 경우가 많다. 이럴 때 "제가 주관을 해서 자료를 만들겠습니다"라고 말한다면 부서장 입장에서 그 직원이 얼마나 고맙고 믿음직스러울까? 사실, 모두가 부서장의 인정을 받고 싶어 하면서도 이렇게 나서서 말하는 사람은 별로 없다. 서로의 눈치만 살핀다.

이 경우 먼저 나서는 편이 여러모로 유리하다. 전략 자료를 작성할 때 대부분은 최초에 나섰던 사람이 주관을 해서 작성하겠지만, 실제로는 모든 부서원들이 협력해서 만들 수밖에 없다. 결국 그 업무로 받는 스트레스의 무게는 동일하고, 참여하는 사람이나 안 하는 사람이나 부담감으로부터 자유로울 수는 없다. 이럴 바에는 주도적으로 하는 편이 정신건강에 좋지 않을까? 좋은 평판도 듣고, 높은 고과도 받고, 또 연봉도 오를 테니 말이다.

중간고사와 기말고사는 나 혼자 열심히 하면 된다. 수업시간에 집중해서 듣고 교과서를 달달 외우면 점수를 올릴 수 있다. 학기 중 내내 놀다가 시험 전에 벼락치기로 공부해도 좋은 점수를 얻을 수 있다. 반면 회사에서는 그것이 통하지 않는다. 1년 내내, 나의 모든 행동 하나하나가 고과와 직결이 된다. 자료 작성은 기본이고 품성도 좋아야 하며, 부서장의 기분도 적당히 맞출 줄 알아야 좋은 고과가 보장된다.

어릴 때는 시험이 참 어렵고 힘들었는데 지금 생각해보면 고과를 잘 받는 것이 더 힘든 것 같다. 차라리 중간고사, 기말고사가 속 편하고 좋다.

📦 승진준비 노하우

일반적으로 회사는 사원부터 대리, 과장, 차장, 부장까지 일정 기간이 지나면 직함이 바뀌고 업무도 바뀐다. 대졸 공채 기준으로 사원에서 대리까지 4년, 대리에서 과장까지 4년이 걸리고, 차장과 부장 진급은 5년에서 그 이상이 걸린다. 입사 후 제때 진급한다고 가정했을 때, 부장이 되기까지 걸리는 시간은 18년이다.

중간만 가도 진급을 하던 시대는 지났다. 실력 있고 뛰어난 이들에게 보다 빠른 진급의 기회가 주어지고, 중간만 가자는 식의 보신주의자에게는 진급 누락의 아픔이 있는 곳이 바로 삼성이다. 이를 위해서 회사에서는 단계별 진급을 위한 점수 제도를 운영한다. 진급 기간을 다 채우지 않더라도 진급 점수를 넘기면 심사에 의해 조기 진급이 가능하다.

예를 들어 사원에서 대리 승진은 몇 점이 필요한데, 상을 받으면 추가 몇점, 영어 점수가 좋으면 추가 몇 점 등등 이런 방식으로 남들보다 점수를 더 받으면 동기들보다 1년 더 빨리 진급할 수 있다. 그중 가장 점수가 큰 것은 바로 고과 점수다. 평균 1년에 1점을 받지만 고과가 좋으면 0.5점에서 1점을 추가로 더 받을 수 있다. 1점을 더 받았다는 것은 남들이 2년에 걸쳐 이뤄낸 업무 성과를 본인은 1년 만에 만들어냈다는 의미다.

신입 시절, 나는 아무것도 모르고 시키는 대로 했다. 다만 한 가지 내가 중점을 둔 것은, 상사가 시키는 일은 철저하게 제때 제대로 된 결과를 내자는 것이었다. 상사가 국가별 매출 자료를 주문하면 전년도 매출비 성장률을 추가하고, 지역군으로 묶어 자료를 뽑거나 주요 모델의 매출을 별도로 만들어 보고하기도 했다. 뭔가 하나라도 더 했다. 어차피 매출 데이터를 뽑으면 모든 정보가 다 들어 있기 때문에 조금만 가공해도 나머지 자료들은 수월하게 만들 수 있다. 마치 에스프레소만 있으면 카페라테도 만들고 마키아토도 만들 수 있는 것처럼. 약간의 수고에 대한 상사의 보답은? 정말 기대도 못한 고과 점수와 시상으로 돌아왔다. 이것저것 점수를 합쳐보니, 나도 모르게 남들보다 1년 먼저 진급을 하게 되었다.

영어나 제2외국어를 잘해도 추가 점수를 받을 수 있다. OPIc과 TSC는 그 점수가 막강하다. OPIc은 'Oral Proficiency Interview-computer'의 약자로, 실제 영어를 얼마나 잘 이해하고 잘 말하는가를 평가하는 시험이다. TSC는 'Test of Spoken Chinese'의 약자로, 역시 말하기 시험이다. 최근 입사시험에는 OPIc과 TSC 점수가 있으면 가산점을 받을 수 있는 것으로 알고 있다. 그만큼 외국어 실력 평가의 무게중심이 필기 평가에서 실무 위주의 평가로 옮겨감을 알 수 있다.

진급에 필요한 점수를 추가로 받을 수 있는 여러 항목 중, 예를 들어 외국어 점수와 각종 시상 중에서 가장 중요한 것을 하나 고르라면 고민할 것도 없이 고과 점수를 들겠다. 한 해 동안 열심히 해서 남들보다 1년 혹은 반년 이상의 성과를 더 얻었다고 인정도 받고 점수도 쌓이니 일석이조다. 게다가 본인의 업무 성과에 대해 상사들 사이에서 입소문이 날 테니 여기저기서 데려가고자 할 것이다. 몇 년이 지나 모두가 가고 싶어 하는 좋은 부서에 자리가 났을 때 나를 어필할 수 있는 가장 큰 무기는 바로 고과와 상사들의 입소문이다.

아부와 노력은 다르다. 아부는 아부로 끝나지만 진정 어린 노력은 상사와 부서원에게 감동을 준다. 아부로 받은 고과는 동료의 질시를 받지만, 진정한 노력과 헌신은 '누가 봐도 저 친구는 좋은 고과를 받을 만하지'라는 생각과 함께 '정의'로운 부서를 만든다.

07

지원은 내 맘대로,
발령은 팀장 맘대로

수능시험을 잘 보는 것은 중요하다.
하지만 장기적인 관점에서 수능 점수보다 더 중요한 것은 적성에 맞
는 학과를 결정하는 것이다. 학생들은 자기가 무엇을 더 열심히, 재
미있게 배울 수 있을지 생각하고 학과를 선택한다. 수능 점수에 맞
추어 조금은 바뀔 수 있지만 자신의 적성과 동떨어진 학과에 지원하
지는 않는다. 예컨대 국어국문과를 희망하던 학생이 사회체육학과에
지원하는 일은 거의 없다.

하지만 회사는 조금 다르다. 입사가 확정된 뒤부터 최종 배치부서
결정까지는 수많은 변수가 있다. 재무 부서로 입사한 사람이 영업 부
서에서 근무하기를 원할 수도 있고, 상품기획부로 입사한 사람이 마
케팅부 근무를 원할 수도 있으며, 심지어 개발부로 입사한 사람이 마

케팅부 근무를 원하는 경우도 있다.

본인이 원하는 부서와 회사에서 본인에게 기대하는 부서가 같은 경우는 문제가 되지 않는다. 그러나 그렇지 못할 경우 상황은 많이 달라진다. 이 경우 찾아가야 할 사람은 누구일까?

인사팀이라고 생각하기 쉽지만 실상은 그렇지 않다. 이때 찾아가야 할 사람은 자신이 속한 부서의 부서장과 옮기고자 하는 부서의 부서장이다. 실제로 인사팀에서 마음대로 발령을 내는 경우는 많지 않다. 오히려 반대로 팀 내부, 부서 내부에서 의견 조율을 한 뒤 조정 결과를 인사팀에 전달해 발령을 요청하는 경우가 많다. 그럼, 최종 결정권자는 누구일까? 대부분의 경우 두 부서를 관할하는 팀의 팀장이 최종 결정권자가 된다.

능력 있는 부서원을 타 부서로 보내고 싶어 하는 부서장은 거의 없다. 그런데 신기한 것은 무능한 직원도 타 부서로 보내기 싫어한다는 점이다. 무능함을 유능하게 지도하지 못한 것을 부끄러워하는 마음이 있기 때문이 아닐까.

그럼, 어떻게 하면 자신이 원하는 부서로 발령을 받고, 원하는 부서로 이동을 할 수 있을까? 바로 부서장의 눈에 드는 것이다. 우리 부서장에게 잘 보이면 그것이 소문나서 다른 부서의 부서장들이 나를 원하게 될 테고, 이러한 평판들이 모여 부서 이동에 대한 권한이 점점 나에게로 옮겨오게 된다. 결과적으로 내가 원하는 부서로 이동할 가능성이 높아지며, 설령 부서장의 반대로 옮기지 못하더라도 부서장으로부터 좋은 고과를 챙겨 받을 수 있다.

나는 최초 발령을 마케팅기획부로 받았다. 어느 회사나 마찬가지겠지만, 기획 부서는 야근도 많고 힘든 편이다. 그렇지만 나는 최선을 다해 근무를 했고, 그 결과 부서장으로부터 좋은 평가를 얻을 수 있었다. 그리고 그것이 소문나서 많은 부서장들이 나에게 함께 일하자고 손을 내밀었다. 비록 애초 원했던 부서는 아니었지만, 우여곡절 끝에 나는 모두가 부러워하는 브랜드마케팅부로 옮길 수 있었다.

지원은 내 맘대로 할 수 있지만, 발령은 팀장 맘대로 난다. 그러나 팀장 마음을 움직이는 것은 내 능력이다. 누구든 자신의 능력을 제대로 발휘한다면 원하는 부서에서 근무하는 기쁨을 누리게 될 것이다.

🎁 인사가 만사

어떤 중견배우가 신인배우를 볼 때, 그가 롱런할지 아니면 금방 인기가 식을지 한번에 알아보는 방법이 있다고 한 적이 있다. 촬영장에서 인사를 열심히, 성실히 하는 신인배우가 결국에는 오랫동안 사랑을 받는 법이다. 말한마디로 천 냥 빚을 갚는다는 말이 있듯이 인사만 잘해도 절반은 먹고 들어간다. 회사생활에서도 마찬가지다. 특히나 신입사원일수록 인사를 잘하는 것은 매우 중요하다.

부서 배치를 처음 받으면 모든 게 신기하다. 생소한 사무실, 생소한 업무, 생소한 내 책상 등등, 그중에서 가장 생소한 것은 사람이다. 입사 첫날 모든 부서를 돌며 인사를 하고 간단하게 소개를 하지만 하루 만에 모든 사람들의 얼굴을 다 외우는 것은 도저히 불가능하다. 복도에서 마주치면 인사를 해야 하나 말아야 하나 갈등하는 경우가 있는데, 그럴 땐 그냥 인사를 하자. 나는 그 사람이 누구인지 헷갈리지만 그 사람은 분명히 나를 알아본다. 인사를 하면 '인사성 좋고 당찬 신입사원'이 되는 거고, 인사를 안 하고 주뼛거리면 '패기 없고 인사성도 불량한 신입사원'이 되는 법이다.

한번은 부서 전체가 사무실을 이동한 적이 있었다. 새로운 사무실에서 새로운 사람들과 만나게 되었는데, 워낙에 많은 인력이 이동하다보니 정식으로 부서 간 인사를 한다거나 따로 소개할 시간이 없었다.

그러던 어느 날, 자주 마주치는 차장님이 계셔서 스스럼없이 인사를 했다.

진지한 표정의 차장님인데 상당히 기분 좋게 인사를 받아주시는 게 아닌가. 그 뒤 동네에서도 종종 마주쳤는데, 그때마다 어찌나 반가웠는지 모른다. 업무적으로나 개인적으로 도움을 받을 때마다 먼저 인사하길 참 잘했다는 생각이 들었다.

큰돈이 드는 것도 아니고, 집중력이 필요한 일도 아니다. 그저 만나는 사람마다 반갑게 웃으면서 인사하면 된다. 인사하기 껄끄러운 사람일수록 더 크게 인사해보자. 자신감도 생기고, 상대방도 나를 더 좋아하게 된다. 한술 더 떠 '저 친구, 인사를 정말 열심히 하네. 앞으로 회사생활 잘하겠어'라는 소문이 저절로 퍼져나간다.

평범한 사원이
회사가 원하는
인재로 성장하는 법

SAMSUNG STORY

01
학교는 국영수,
회사는 엑파워

매번 반에서 2등만 하는 어떤 학생이 1등이 되고 싶어서 하루는 점쟁이를 찾아갔다. 점쟁이 말에 따라 굿도 하고 오밤중에 산에 올라 절도 해봤지만, 결과는 또 2등이었다. 화가 난 학생은 다시 점쟁이를 찾아가 따졌다. 그러자 점쟁이가 "학생, 그냥 국영수 중심으로 열심히 해." 이러더란다.

고등학교 때 이 이야기를 듣고 배꼽 잡았던 기억이 난다. 내가 대학 입시를 준비하던 시절엔 국영수 세 과목이 수능 전체 점수의 75퍼센트를 차지했으니, 정말 국영수만 제대로 공부해도 원하는 대학에 갈 수 있었다. 그야말로 그 중요성이 어마어마했다.

그런데 회사생활에서도 국영수처럼 중요한 과목이 있으니, 그건 바로 오피스 실무다. 엑셀, 파워포인트, 그리고 워드 프로그램이 바로 회사의 국영수인 셈이다. 각 업무 직군에 따라 포토샵이나 일러스트, 혹은 자바나 C언어 같은 프로그램의 비중이 높은 경우도 있지만, 기본은 '엑파워(엑셀 · 파워포인트 · 워드)'다. 마치 중 · 고등학교 때 국영수 중심으로 공부한 것처럼 직장인들은 이 도구들을 공부해야 한다.

대학생들은 파워포인트를 많이 다루어보았을 텐데, 직장에서 접하는 파워포인트 역시 그 수준을 크게 벗어나지 않는다. 딱 한 가지만 조언하자면, 너무 화려하지 않게 작성하라는 것이다. 다양한 서체와 컬러풀한 페이지는 자칫 산만해보이고, 보고 받는 사람 입장에서 오히려 비호감이 될 수 있다. 성의를 들이되, 한 페이지당 서너 가지 색깔만 사용하여 되도록 깔끔하게 만들자.

워드 프로그램은 보고서를 작성할 때 주로 사용한다. 회사 내 주요 보고 문서는 파워포인트가 아닌 워드 프로그램으로 귀결된다. 특히 부장 이상 임원급으로 갈수록 워드 프로그램을 사용하여 보고서를 작성하는 빈도가 높아진다. 삼성의 경우는 자체 프로그램인 훈민정음을 사용하는데, 내부 문서는 훈민정음을 이용하고 외부 문서들, 특히 외국 업체들과 공유하는 문서에는 MS워드를 사용한다.

아무리 뛰어난 생각과 획기적인 아이디어를 갖고 있어도 그것이 상사에게 제대로 전달되지 못한다면 찻잔 속의 태풍으로만 머물 뿐이다. 바쁜 윗사람들에게 아이디어가 채택이 되려면 그 의견은 반드시 명확하게 보고되어야 하며, 깔끔하고 예쁘게 정리되어야만 한다. 그러므로 보고서는 한 장으로 최대한 깔끔하게 만드는 것이 중요하다.

아래의 내용처럼 말이다.

1. 이 보고서의 결론은 무엇입니다.

2. 그 이유는 세 가지가 있는데:

   첫째는 무엇이고, 둘째는 무엇이고, 셋째는 무엇입니다.

3. 얼마(구체적인 액수)의 비용 절감은 물론이고 얼마의 추가 이익이 예상

   됩니다.

수십, 수백 건의 결재를 하고 의사결정을 하는 사람은 결론만 빨리 알고 싶어 한다. 주저리주저리 보고해봐야 돌아오는 답변은 뻔하다.

"그래서 뭘 할 건데?"

"그래서 돈이 얼마나 드는데?"

상급자에게 백 마디 말로 보고를 해봐야 이런 말로 귀결돼버린다. 그러니 보고서는 최대한 간략하게, 요점만 쏙쏙 뽑아 작성하자.

기업의 언어는 회계이며 회계는 숫자로 이루어진다. '엑파워' 중에서 숫자를 다루는 프로그램이 바로 엑셀이며, 이 도구는 입력하는 함수에 따라 상상도 못할 정도로 엄청난 효율성과 정확성으로 업무시간을 단축시켜준다.

입사 후 가장 먼저 했던 일이 매출관리였는데, 부서 업무의 80퍼센트가 엑셀로 이루어졌다. 갖가지 공식과 함수로 가득한 엑셀을 처음 접했을 때, 나는 정말 입을 다물 수가 없었다.

우리 부서에서는 엑셀을 얼마나 자유자재로 다루는가에 따라 그 사람의 능력을 판단하는 경향이 있다. 특히 마우스를 사용하지 않고 키보드만을 이용하여 엑셀 작업을 하는 사람은 '엑셀러'라는 용어를 써가며 우대를 해준다.

엑셀의 기본은 정확성과 신속성이다. 수학의 기본 원칙과 같은데, 정확성이 조금 더 중요하다. 백 번 빨리 만들어봐야 숫자 하나 틀리게 되면 그 데이터 전체에 대한 신뢰가 떨어진다. 정확성을 높이기 위해서 추천하는 방법은 최대한 많은 함수를 공부하고 익혀서 자유자재로 다루는 것이다. 어떤 이들은 함수를 이용했을 때 혹시라도 틀릴까봐 수작업으로 여러 번 진행하는데, 오히려 이 방법이 오류가 발생할 확률이 높다. 사람은 기계가 아니기 때문에 아무리 단순한 작업이라도 반복할 경우에는 본인도 모르는 사이에 틀리는 경우가 생긴다. 함수를 쓰는 편이 확실하게 정확성을 높이는 방법이다.

신속성을 높이는 방법은 무엇일까? 식상하지만, 이 역시 함수를 활용하는 것이다. 더하기, 빼기 등의 사칙연산 이외에도 각 분야별로 활용할 수 있는 엑셀 기능은 많다. VLOOKUP 함수와 피벗 테이블 기능은 기본 중의 기본임에도 불구하고 많은 사람들이 잘 쓰지 않는 경향이 있는데, 정말 중요한 기술이다. 10시간 걸릴 일을 머리 조금만 쓰면 1시간, 혹은 10분 만에 쉽게 해결할 수 있다. 적어도 이 두 가지 기능은 꼭 익혀두길 바란다.

신입사원 시절 많은 것을 배우고 익혀야 했던 나는 엑셀을 처음 접한 후로 아침부터 퇴근 때까지 엑셀만 하느라 정신이 하나도 없었다. 다른 부서의 동기들은 유럽이다, 남미다 여기저기 출장도 다니고, 잘 만든 파워포인트로 해외 거래선들 앞에서 프레젠테이션을 하느라 정신없이 지내는데 나는 매일같이 야근을 하며 엑셀을 다루었다. 나만 뒤처지는 것이 아닌가 하는 생각도 들고 조급해지기도 했지만, 그러면서 하나둘씩 복잡한 함수를 배웠고, 대용량의 데이터를 정리하여 내 맘대로 원하는 데이터를 쉽게 뽑아내는 기술을 익혔다. 경영학 용어로 데이터 마이닝Data mining하는 방법을 배운 것이다. 그렇게 한 1~2년 지내다보니 수만 셀이 넘어가는 데이터 속에서 원하는 자료만 쏙 뽑아낼 수 있게 됐다. 그때의 쾌감이란! 특히나 급한 상황에서 상사 혹은 타 부서의 선배들이 "승표야, 급하게 필요해서 그런데, 국가별 판매량과 매출, 그리고 전년 대비 성장률 좀 뽑아줄 수 있겠니?"라고 부탁할 때, 흔쾌히 "예, 5분 안에 드리죠"라고 말할 수 있는 자신감을 얻었다.

삼성은 매출 데이터를 어느 누구나 쉽게 뽑아볼 수 있을 정도로 데이터베이스 관리 시스템이 잘 되어 있다. 회의시간에 별도의 프린트 자료 없이 바로 컴퓨터로 시스템에 접속하기도 한다. 데이터 가공은 직장인들의 필수 능력 중 하나인데, 아직 시스템이 잘 갖추어져 있지 않은 회사라면 상급 직원들은 데이터 관리와 처리에 신경을 많이 쓰게 된다. 이때 엑셀을 다루는 실력이 탁월한 부하직원이 있다면 당연히 '예쁨'을 받을 것이다. 같은 업무라도 남들보다 빨리할 수 있고, 같은 시간에 더 많은 업무를 할 수 있으니 말이다. 일처리가 남들보다 빠르다고 해서 대충 하는 것은 아니다. 남들이 천천히 생각하며 업무를 진행할 때, 이런 사람들은 엄청난 집중력으로 순식간에 처리한다. 더욱이 그 몰입 정도가 깊기 때문에 더 나은 업무 성과를 내는 경우가 많다.

모름지기 직장인은 엑셀을 잘해야 한다! 내가 자주 쓰는 말이다. 빨리 퇴근하고 싶은 사람, 부장한테 인정받고 싶은 사람, 부서에서 고과 1등을 하고 싶은 사람은 '엑파워' 능력을 꼭 향상시키길 바란다.

02
영어가 먼저일까?
업무가 우선일까?

영어 공부는 삼성에 들어오는 순간부터 나에게 주어졌던 지상 최대의 과제다. 물론 지금까지 완벽하게 해결이 되지는 않았지만, 그리고 앞으로도 네이티브Native 수준의 영어 구사는 힘들겠지만, 입사 당시와 비교해보면 나 스스로도 놀랄 정도로 일취월장했다.

대학 시절 나는 영어 공부를 거의 하지 않았고, 그 흔한 어학연수도 가지 못했다. 그뿐 아니라 토익 학원을 다닌 기억보다는 운동장에서 동기들과 축구, 야구하며 뛰어놀았던 기억이 더 생생하다. 졸업 후 군대에 가서는 더 심했다. 하루하루 버티기조차 힘들었기에 영어 공부는 꿈조차 꾸지 않았다. 그러니 제대할 즈음에는 토익 점수가 낮아 입사 원서를 들이밀 곳을 찾기도 힘들 지경이었다.

그런데 웬걸, 입사 후 첫 출근날부터 영어가 내 숙명의 적이란 사실을 온몸으로 깨달았다. 마케팅기획부에 첫발을 내딛은 나의 주요 업무는 영업팀으로부터 해외 바이어들과 수주 협의한 결과를 매일매일 입수하여 정리하고, 매출을 관리하는 것이었다. 이러다보니 온통 영어로 협의를 하는 경우가 많았고, '영어쯤이야 자연스럽게 다들 잘하는' 분위기였다. 특히 요즘 같은 시대에는 '신입사원들은 영어를 잘하겠구나' 하는 선입견(?)을 갖고 있기 때문에 심적 부담이 매우 컸다. 게다가 삼성은 영어 점수가 있는 임직원에게 진급 심사할 때 가산점을 주는 제도가 있다. 토익 650점 이상은 3등급, 730점 이상은 2등급, 860점 이상은 1등급으로 평가했다. 입사 당시 내 영어 실력은 최저인 3등급이었고, 동기들보다 한참 낮은 수준이었다.

해외여행을 가도 별 문제가 없었고 술집에서 만난 외국인들과도 자연스럽게 대화를 했건만 왜 사무실에만 오면 영어 앞에서 이렇게 작아지는 걸까? 내색은 안 했지만 외국인과 미팅을 할 때면 많은 스트레스를 받았고, 만반의 준비를 갖춰도 늘 부족하게만 느껴졌다. 영어는 정말 '평생의 과업'이었다. 첫 출장에서는 아예 스크립트를 다 적어놓고 달달 외웠다. 오죽하면 비행기 안에서도 가져간 자료를 보고 또 보고, 외우고 또 외웠다.

비즈니스 영어가 일반 영어회화보다 어려운 이유는 업계에서 사용하는 전문 용어들 때문이다. 셔터, 조리개, ISO 등등 카메라 기본 용어부터 각종 소프트웨어 기능을 자연스럽게 설명하기까지, 숙달되는 과정이 쉽지 않다. 한국말로 해도 어려운 말들을 영어로 술술 풀어야한다니, 처음에는 영어가 아니라 외계어처럼 멀게 느껴졌다.

그러나 몇 번의 경험이 있은 뒤로 상황이 좀 나아졌다. 자주 반복되는 주요 단어나 문장을 익히자 부담감도 조금씩 줄어들었다. 선배들이 쓰는 이메일 문구를 흉내 내보기도 하고, 사무실로 찾아온 거래처에 제품 소개를 하는 선배들의 모습을 지켜보면서 궁금했던 영어 표현들을 꼼꼼하게 내 것으로 만들었다. 함께 일하는 외국인 동료에게내가 쓰는 표현이 맞는지, 어떤 표현이 바른지 수시로 물었다. 퇴근을 같이할 기회가 주어지면 때를 놓치지 않고 일대일로 발음 코칭을받기도 하는 등 끊임없이 노력했다.

하지만 하루하루 주어지는 업무를 완수하기에도 벅찼기 때문에 마음껏 영어 공부를 할 수는 없었다. 어떤 사람은 업무는 실수하지 않을 정도만 하고 영어 실력을 쌓아서 인정받으면 되지 않나, 하는 생각을 할지도 모른다. 기업의 특성을 잘 몰라서 하는 소리다. 기업은영어를 잘하는 사람을 우대하는 게 아니라 일 잘하고 능력 있는 사람을 우대하는 곳이다. 영어 실력도 평가요소 중 하나지만, 부족한 영어 실력을 만회할 기회는 얼마든지 많다. 엑셀, 파워포인트, 워드는기본이고, 각종 문제해결 상황에서 얼마나 슬기롭고 지혜롭게 헤쳐나가는지 등등 부서장의 마음을 사로잡을 기회는 곳곳에 널려 있다.

영어와 직장생활 중에 순위를 정해야 한다면 두말없이 직장생활이우선이다. 영어는 직장생활을 위한 종속적인 개념이다. 그러면 직장

생활에 몰두하면서 영어는 언제, 어떻게 공부해야 한 단 말인가?

나는 당장에 공부를 위한 시간을 내야 한다는 강박관념을 갖기보다는 거꾸로 접근하는 방법을 권한다. 우선 업무에서 달인이 되는 것이 장기적으로 봤을 때 오히려 개인시간 확보에 도움이 된다. 달인이 되어 업무시간을 단축할수록 퇴근도 빨리하고 자기시간도 많아지는 법이다.

국내에서만 머무를 생각이 아니라면 영어는 기본적으로 할 줄 알아야 한다. 원어민 수준에 못 미쳐도 괜찮다. 선배들도 다 알고 있다. 자신들도 신입사원 때 겪었던 일이고, 지금도 영어 때문에 고민이니까. 많은 직장인들의 발목을 붙잡는 영어 울렁증, 이제라도 과감하게 극복하자. 배우고자 하는 열정과 자신감만 가지면 된다.

03

뼛속까지
속도경영

"여보세요? 저, 여기 삼성아파트인데요, 혹시 주문한 자장면 언제 오나요?"

"방금 출발했습니다."

우리에게는 너무나 낯익은 대화 내용이다. 희한하게도 중국집에 전화를 걸면 항상 조금 전에 출발했다고 한다. 이는 비단 중국집에 전화할 때의 대화만은 아닌 듯하다.

"김 대리, 혹시 이번 프로젝트 자료 다했나?"

"아, 거의 다 되었는데요." 혹은 "지금 메일로 보내고 있습니다."

이런 대화 역시 직장인에게는 너무나 익숙하다. 물론 자장면을 기다리는 마음처럼 상사의 마음도 기다리다 지쳐가는 건 매한가지일 것이다.

삼성전자가 오늘날 세계 최고의 회사로 거듭나게 된 많은 이유 중의 하나로 사람들은 어느 회사도 따라올 수 없는 수준의 업무 스피드를 첫 손가락에 꼽는다. '속도경영'이라는 단어는 트렌드나 화두를 떠나 삼성 임직원의 뇌리와 행동방식에 고스란히 담겨 있는 일종의 철학이다. 중대한 의사결정을 위해서는 방대한 양의 자료와 철저한 사전 조사가 필수다. 그러나 조사 범위와 자료의 양이 커질수록, 보고 단계가 많아질수록 업무의 진행 속도는 줄어들고 효율 또한 떨어지게 마련이다. 이것이 중소기업이 대기업의 우위에 있는 경쟁력이다.

그러나 내가 경험한 대기업 삼성에서는 방대한 양의 자료 준비와 사전 조사, 꼼꼼한 의사결정의 과정 속에서도 극도의 스피드를 추구한다. 연간 경영계획에 의해 철저하게 사전에 계획된 업무대로 진행을 하는 경우가 일반적이지만, 경쟁사와의 시장 구도에 따라 돌발적으로 발생하는 수많은 의사결정의 단계 속에서 경영진은 빠른 결단을 내려야 한다. 이를 위해 관련 업무 담당자는 밥 먹는 시간, 화장실 가는 시간까지 아껴가며 일하는 경우가 왕왕 있다.

비단 보고서를 만들 때뿐만이 아니다. 삼성의 제조력과 물류는 타의 추종을 불허할 정도다. 아마 책 몇 권을 써도 그 이론과 실전 체계를 다 분석하지 못할 것이다. 고객이 몇 월 며칠 어떤 제품을 필요로 할까를 치밀하게 예측하고, 그날로부터 최단기간으로 역산해 제품 생산 계획을 수립한다. 따라서 제조일로부터 장시간이 지난 후의 제품, 즉 악성 재고를 최소로 줄여 비용을 절감하고, 최단기간에 새로운 제품을 생산하여 재빨리 고객에게 전달하는 체제를 갖추고 있다.

이렇게 정신없이 돌아가는 스피디한 경영 현황 속에서 적응하고 살아남기란 쉽지 않다. 나 또한 빠른 업무 스타일을 몸에 익히느라 엄청난 노력을 했다. 매일 반복되는 복잡한 엑셀 자료는 미리 자료의 포맷을 치밀하게 작성하여 버튼 하나만 누르면 복잡한 작업이 순식간에 처리될 수 있도록 해놓았고, 파워포인트 역시 자주 사용하는 포맷은 아예 파일 종류별로 작성을 하여 남들보다 더 빨리 많은 양의 업무를 수행할 수 있도록 준비해놓았다. 어찌 보면 별것 아닐 수 있지만, 상사는 이러한 사소한 태도 하나하나에 감동받고 부하직원을 높게 평가해준다.

그렇다면 업무 처리가 빨랐다고 자신했는데 상사의 눈높이에는 미치지 못하는 이유가 무엇일까? 그들 역시 그 자리에 올라가기까지 스피디한 업무 처리 방식을 몸에 익혔기 때문이고, 어떤 분야에서는 우리보다 더 빠르게 업무 처리를 할 수 있기 때문이다.

정확하지 못한 데이터는 신뢰를 잃을 수 있다. 그러나 제때에 맞춰주지 못한 데이터는 휴지조각에 불과할 수 있음을 뼛속 깊이 새겨두자.

🔷 보고를 잘해야 인정받는다

〈보고 또 보고〉, 10년 전 유행하던 드라마 제목이다. 이 제목이 계속 머릿속에 머물던 이유가 뭔가 했더니, 내가 매일 하는 것이 '보고報告, 또 보고'라서 그런가보다.

하루는 부장님의 지시로 부서의 연간 예산을 수립하게 되었다.

1년에 수십억에서 수백억 원까지 사용하기 때문에 신중하게 접근해야 하는 일이다. 나는 시간을 두고 천천히 작업을 해야겠다고 생각했는데 웬걸, 바로 다음 날 초안을 잡았는지 물어보셨다. 그때까지 내가 한 것이라곤 일의 순서와 전년도 데이터를 분석하는 수준이었기 때문에 다시 보고드리겠다고만 하고 물러나왔다. 그리고 2~3일 정도 지났을까? 내 딴에는 내일 오전이면 완벽한 자료를 보고할 수 있겠다 싶어 만족스러웠는데, 아뿔싸! 부장님이 한발 먼저 "아직 다 안 되었냐"라고 물으시는 것 아닌가? 나는 "그게요, 내일 오전에 보고드릴 수 있을 것 같습니다"라고 대답했다. 다음 날 오전, 무사히 보고를 드렸고 일은 잘 마무리되었다. 일을 하는 동안 내가 먼저 중간 과정에 대해 제때 보고만 했더라면 더 좋았을 일이었다.

보고에는 최초 · 중간 · 결과, 세 단계가 있다. '최초보고'는 업무를 지시 받은 것에 대해 상사가 원하는 것이 무엇인지 정확하게 파악이 되었는지를 다시 확인하는 단계다.

"지난달 매출 자료 좀 뽑아줘"라고 지시를 받으면 어떻게 할 것인가? "네, 바로 드리겠습니다"라는 말보다는, "국가별로, 모델별로 자료가 필요하신

거죠? 언제까지 드릴까요?"라고 명확하게 상사가 원하는 바를 확인해야 한다. 신제품 기획을 앞두고 어떤 모델이 많이 팔렸는지 궁금했을 수도 있고, 연간 매출 계획을 수립하기 위해 국가별로 세부적인 매출이 궁금했을 수도 있다. 또한 급한 회의가 있어서 바로 5분 안에 전체적인 자료가 필요했을 수도 있고, 2~3일 후에 있을 회의를 준비하기 위해 자료를 요청했을 수도 있다. 따라서 지시를 받으면 구체적으로 어떤 내용을, 언제까지 보고해야 하는지에 대해 먼저 확인해야 한다.

'중간보고'는 베테랑 선배들도 잊기 쉬운 과정이다. 지시한 자료를 마감 전날 뜬금없이 갖고 오는 것은 최악이다. 더 이상 수정의 여지도 없거니와 자료에 대한 분석을 할 시간도 부족하기 때문이다. 지금 만들고 있는 자료의 방향이 맞게 가고 있는지, 기한에 맞출 수 있는지 등등을 중간 과정에서 수시로 보고하는 것이 일을 편하게 하는 방법이다. 보고라기보다는 일종의 커뮤니케이션이라고 보는 편이 낫겠다. 커뮤니케이션이 원활한 사람이 함께 일하기 편하다.

'결과보고'는 나를 포장하는 또 하나의 중요한 순간이다. 신모델 매출이 좋을 땐 가만히 즐길 것이 아니라, 본인이 기여한 것이 무엇인지를 정리해야 한다. 광고 콘셉트는 어떻게 맞아 떨어졌는지, 어느 나라에 예산을 집중했고 효율은 어땠는지, 현지 출장 시 거래선과의 미팅은 어땠는지 등 성공요인을 곰곰이 되짚어봐야 한다. 그리고 깔끔하게 정리해서 상사에게 보고하자. 그 보고서를 받아든 순간 상사는 "이번 프로젝트 성공에 ○○의 공이 컸네!"라고 생각하게 될 것이다. 가만히 있어도 상사가 알아주겠지, 하는 생각은 큰 착각이다.

보고는 습관이다. 일단 몸에 배면 상사와의 자연스러운 커뮤니케이션과 마찬가지로 스스럼없이 의견도 제시할 수 있고, 두 번 할 일도 한 번에 끝낼 수 있다. 커뮤니케이션이 잦은 사람은 친밀감이 더해져서 신뢰도 쌓인다. 한두 번의 완벽한 보고만으로도 본인의 실력을 마음껏 뽐낼 수 있으니, 수시로 본인이 하는 일을 부서장께 알리자.

🔷 화장실 갈 때 일 시켜놓고 나올 때 일 찾는다

삼성에는 '화장실 갈 때 일 시켜놓고 나올 때 일 찾는다'라는 말이 있다. 업무처리가 어느 정도로 빠른지 알게 해주는 말이다. 눈 감았다 뜨면 강산이 바뀌는 요즘 시대에 살아남기 위해서는 빠른 업무속도가 절대적으로 필요하다.

과거 일본의 전자제품들이 세계를 휩쓸던 시절, 혁신적인 제품과 디자인, 고장나지 않는 품질 등은 국내 기업이 넘어설 수 없는 장벽처럼 보였다. 그러나 언제부터인가 일본 제품은 삼성에 그 왕좌를 내주고 말았다. 과연 무엇이 삼성을 전자업계 최강자로 우뚝 서게 만들었을까? 그것은 바로 삼성의 SCM^{Supply Chain Management}이다. 칸반시스템^{Kanban System}이 도요타의 DNA로 자리 잡아 세계 최고의 자동차 회사로 만들었듯이, 삼성의 핵심 DNA는 빠른 업무속도다.

제품 공급자와 최종 소비자 사이에는 원자재 공급부터 제조, 유통 등 수많은 경제 주체가 있다. 하루가 다르게 신제품이 쏟아지는 전자업계에서는 그 단계가 길고 복잡할수록 가격도 비싸지고, 시간도 오래 걸려서 경쟁력이 떨어지게 마련이다. 반대로 그 단계가 짧고 간결할수록 유통 과정에서의 재고 부담도 줄어들고, 고객도 최신 제품을 싼 가격에 구매할 수 있어 모두에게 이익이 된다.

이론상으로 가능한 이야기들, 경영학 서적에 수도 없이 나온 이야기들을 가장 깔끔하고 완벽하게 구사해낸 회사가 바로 삼성전자다. 수개월 전부터 고객이 원하는 제품이 무엇인지 고민하고, 제품 생산부터 판매까지의 과정을 단순화시키는 노하우는 삼성전자의 일급비밀이다. 이미 외부에서 배워도 절대 따라할 수 없는 수준에 올라섰다.

해외영업 부서의 가장 중요한 일과는 수요를 예측하는 것이다. 정확하게 예측해야 재고 없이 생산할 수 있기 때문이다. 재고가 갑작스레 늘어난다거나 판매 단가가 급격히 떨어지는 게 보이면, 혹은 본인이 담당하는 국가의 매출이 저조하면 바로 원인 분석을 하고 대응 전략을 수립한다. 시장이 어떻게 변하고 있는지, 계절적 요인인지 경쟁사 신모델 때문인지, 아니면 우리 제품에 더 이상 고객들이 흥미를 느끼지 않는 것인지 원인을 분석하고 대책을 세운다.

책상에 앉아서 원인을 분석하는 것이 부족하다 싶으면 바로 현지로 날아간다. 가서 직접 보는 것과 한국에서 인터넷으로 보는 것은 천지 차이다. 경쟁사 제품이 새로 나왔다면 상품기획 부서에 요청하여 대응할 만한 제품을 다시 만들어낸다. 대규모 광고가 필요하다면 마케팅 부서에 요청하여 현지에 맞는 마케팅 전략을 처음부터 다시 수립한다. 원인 분석과 대책 수립은 현지에 도착하자마자 이뤄진다. 이와 동시에 거래선 미팅과 매장 디스플레이 변화까지 시도한다. 이 모든 과정이 그리 오래 걸리지 않는다. 삼성의 업무속도에 삼성 직원인 나 역시 혀를 내두를 정도다.

조령모개朝令暮改, 아침에 한 말을 저녁에 바꾼다는 의미다. 빠른 업무속도에 대한 DNA는 말단사원부터 최고위층 임원들까지 몸에 배어 있다. 아침과 저녁의 시장 상황이 다르기 때문에 상사들은 아침에 지시한 내용을 뒤엎고 저녁에는 정반대의 지시를 내리기도 한다. 아침저녁으로 전략을 바꾸다니, 아랫사람들은 얼마나 피곤할까? 그런 지시를 해야 하는 상사들은 얼마나 민망할까?

유럽이나 미국의 전자회사에서는 "퇴근시간이 되었으니 내일 처리할게요" 라는 말이 통할지 모르나 삼성 사전에는 그런 말이 없다. "그럼, 오늘 다시 만들어보겠습니다"라는 말만 존재할 뿐이다. 시시각각 빠르게 변하는 경영 환경 속에서 하루, 이틀의 차이는 몇 년의 기술 격차와 시장점유율 차이로 이어진다.

바쁠 땐 야근을 해줘야 제 맛이다. 늦게까지 고생하는 부서원을 그냥 두고 가는 상사는 없다. 맛있는 저녁도 얻어먹고, 열심히 하는 모습으로 눈도장 도 찍고, 내가 만든 전략으로 매출이 상승하는 것도 지켜볼 수 있으니 내일 은 없다는 마음으로, 오늘 저녁 사무실을 뜨겁게 달궈보자.

04
능력과 실력과 근면,
그 중에 제일은?

신입사원 시절, 입사 후 1년 동안은 누구보다 빨리 출근하리라 다짐했었다. 당시는 자율출근제가 시행되기 전이어서 8시 출근이 규정이었다. 이때 남들보다 30분 일찍 나와서 업무를 준비하고 여유 있게 하루를 시작하고자 했다. 나름의 각오였던 것이다. 아침은 편의점 김밥 한 줄로 때웠다. 회사 식당도 있었지만 일부러 가지 않았다. 아침밥 먹는 시간도 아까웠다.

상사나 동료가 "왜 싸고 맛있는 회사 식당에서 안 먹고 김밥을 사먹어?"라고 물으면 "그냥 회사에서 세끼 다 먹기 싫어서요"라고 대답했다. 그때 생각으로는 "일을 더 일찍 시작하려고요"라고 대답하면 좀 재수 없는 사람으로 비칠 것 같았다. 어쨌든 그 덕분에 나는 누구보다 먼저 와서 하루를 준비하는 부지런한 사람이라는 인상이 생겼다.

그때나 지금이나 변함없는 생각이 하나 있다. 세상에는 머리가 좋은 사람도 있고, 그렇지 않은 사람도 있다. 그러나 차이는 그리 크지 않다. 특정 분야에서 박사가 되지 않는 이상, 우리가 가진 지식이나 문제해결력은 대동소이하다. 천재적인 지식이 필요한 일은 거의 없다. 그래서 너무 평범하기만 하다고 여기는 우리 모두에게 희망이 있는지 모른다.

일전에 어떤 차장님이 이렇게 이야기한 적이 있다. "20년 가까운 회사생활 동안 느낀 게 있는데, '근태'와 '근면성'보다 중요한 것은 없다고 봐. 그 다음으로 중요한 것은 인간관계, 실력 순이고." 이 말이 피부에 와닿은 적이 한 번 있다.

B대리는 회사에서 꽤나 인정하는 인재로, 1년간 월급을 받으며 MBA 과정을 밟기도 했었다. 그런데 옆에서 관찰해보니 B대리의 업무 처리 능력이 아주 뛰어나다거나 기발한 것도 아니었고, 성격이 좋은 것도 아니었다. 회삿돈으로 공부까지 할 정도니 대단한 사람이구나 생각했는데, 조금은 의아했다.

시간이 흐른 뒤, 나는 그의 강점을 알게 되었다. 바로 근면함과 깍듯함이었다. 그는 아주 작은 일이라도 최선을 다해 완수하는 사람이었다. 업무를 처리할 때 어떤 사람은 30분 동안 80퍼센트를 완성하고, 거기에 만족한다. 또 어떤 사람은 1시간 동안 90퍼센트를 완성하고, 거기에 만족한다.

반면 B대리는 2시간, 3시간 걸려서 100퍼센트 혹은 120퍼센트의 결과물을 만들어내는 스타일이었다. 심지어는 그 업무를 지시한 부장님 외에는 모두가 그 업무에 대해 불만을 가지며 "도대체 이런 일을 왜 하는 거야?"라고 생각할 때도 그는 "그래도 뭔가 다른 뜻이 있을 거야"라고 하면서 우직하게 업무에 몰입했다. 그 과정에서 부장님과 커뮤니케이션을 할 때는 항상 깍듯하게 예의를 갖추었다. 그의 장점은 회식자리에서도 발휘되었는데, 늘 '열심히' 진행하는 그로 인해 모두가 즐거웠다. 이러니 회사에서 그를 좋게 평가하고 인재로 구분하는 것이 당연했다.

많은 사람들이 수긍하듯 회사 내에서 승승장구하려면 똑똑해야 하고, 줄을 잘 서야 하고, 실력을 갖춰야 한다. 하지만 그보다 더 중요하고 가장 기본이 되는 것은 바로 근면성이다. 이건 삼성뿐만 아니라 어떤 회사에서 근무한다 해도 마찬가지일 것이다.

05
숙제는
끝내고 놀아야

　　　　　　　　모든 상사는 자신의 부하직원이 언제 출근하고 언제 퇴근하는지, 회사에서 업무는 얼마나 하고 웹서핑은 얼마나 하는지 다 알고 있다. 그렇기에 쉬더라도 틈틈이, 놀더라도 적당히 해야 한다.

　빡빡한 직장생활 속에도 빈틈이 있으니, 바로 어린이날이다. '웬 어린이날?' 하겠지만, 부서장이나 직속상사가 출장을 가거나 장시간 외근 등으로 자리를 비우는 날을 직장인 은어로 '어린이날'이라고 한다. 이럴 때는 개인적인 일도 조금 처리하고, 업무 중간에 은행도 다녀오는 등 편안한 마음으로 하루를 보낼 수 있다.

　사적인 업무는 꼭 어린이날에 봐야 한다. 어차피 볼일이 있어 은행에 가야 했다면 상사가 없을 때 가는 게 서로를 위해 좋다. 아랫사람은 상사 눈치 안 보고 제 볼일 봐서 좋고, 상사는 일 시킬 때 자리에 없는 부하직원 때문에 스트레스 받지 않아도 좋으니 말이다.

대신 반드시 챙겨야 할 것이 있다. 바로 상사가 내준 숙제다. 상사도 자신이 자리를 비우면 사무실은 어린이날로 변한다는 사실을 안다. 그렇기 때문에 대부분의 상사들은 출장이나 외근 전에 적당량의 숙제를 주고 간다. 너무 과하지도 않게, 적당한 수준의 과제를 말이다.

사무실로 복귀한 상사는 가장 먼저 숙제를 챙긴다. 뭐가 되었든 상사가 출근하기 전에 결과물을 책상에 놓아두는 것과 상사가 부른 후에야 "거의 다 되었습니다. 안 그래도 보고드리려던 참이었습니다" 하는 것은 천지 차이다.

어린이날 숙제는 꼭 하자. 평소보다 심적 여유가 생겨 결과도 더 잘 나오는 편이다. 별것 아니라는 듯 무심하게 지시한 상사의 숙제. 그러나 상사의 마음속에는 "이 녀석이 이거 완성해서 보고하는지, 안 하는지 지켜봐야지"라는 생각이 숨어 있다. 아이에게도, 직장인에게도 어린이날은 즐겁고 신나는 날이다. 어린이날을 제대로 즐기려면 숙제부터 먼저 끝내야 더 즐겁지 않을까?

06
야근은
필수가 아닌 선택

"나를 키운 것은 8할이 야근이었다."

"천재는 1퍼센트의 영감과 99퍼센트의 야근으로 탄생한다."

"머리가 나쁘면 몸으로 때우고, 일을 못하면 야근으로 때워야지."

야근에 관해 농담처럼 하는 말들이다. 직장생활과 야근은 정말 떼려야 뗄 수 없는 불가분의 관계다. 그런데 신입사원은 야근 앞에서 아리송하다. 회사에서는 야근을 하지 말라고 하고, 그렇다고 칼퇴근하자니 상사나 선배의 눈치가 보이고……. 야근을 할 수도, 안 할 수도 없는 상황에서 신입사원의 고민이 깊어진다.

야근에 대해 논하기 전에 먼저 알아야 하는 것은, 야근을 원하는 주체가 누구냐 하는 것이다. 왜 야근을 하는지, 야근이 과연 나와 회사에 도움이 되는지는 중요치 않다. 무엇보다 일이 있으니까 야근을 하는 것이다. 또 당연히 야근을 하면 조금이라도 매출을 더 챙길 수 있고, 광고 아이디어도 더 잘 나오기 때문에 회사에도 도움이 되지 않겠는가.

사무직의 경우 대부분의 야근은 자발적인 경우가 많다. 낮에 미처 처리하지 못한 일을 하거나 외국의 시차에 맞추기 위해 늦은 시간까지 자리를 지키는 등 대부분은 자신의 업무를 완수하기 위해 남아 있는 것이다.

유럽과 한국은 평균 6~7시간 정도의 시차가 난다. 유럽지역 법인과 의논할 일이 있는 경우 한국시간으로 오후 2~3시쯤 연락을 한다. 그때쯤이면 유럽에서는 막 출근해서 컴퓨터를 켜는 중이다. 그런데 그날그날의 상황이 다르기 때문에 연락이 쉽게 안 되는 경우가 생긴다. 한국시간으로 오후 2시는 각종 미팅이 활발하게 이뤄질 시간이므로 유럽과 연락이 닿을 때까지 하염없이 기다리기 어렵다. 유럽 사무실 역시 오전 9시에 미팅 약속이 잡혀 있을 수도 있고, 다른 중요한 업무가 있을 수도 있다. 상황이 이러하니 시간 맞춰 유럽 사무실과 연락하기 위해 아예 저녁시간을 비워놓고 기다리는 경우가 많다.

때로는 시간을 맞추는 것 자체가 사치인 경우도 있다. 전시회 준비, 출장 준비 등 매일 처리해야 하는 수두룩한 업무 속에서, 그것도 혼자 하는 것이 아니라 해외 각 법인들과 의견 조율이 필수인 상황에서 서로 시간을 정해 연락하기란 사실 어렵다. 그럴 때는 한밤중까지 사무실을 지키고 있다가 그날의 일을 매듭짓기도 한다.

야근을 할 수밖에 없어서 야근을 하는데도 혼자 너무 많이 하면 부서장에게 경고가 간다.

"이 부장님, 무슨 일이 그렇게 많길래 부서원들이 매일같이 늦도록 남아 있나요?"

그렇다고 또 야근을 너무 안 하면 눈치가 보인다.

타오르는 열정을 막을 수는 없다. 정말로 일에 미친 사람은 하지 말래도 알아서 한다. 하기 싫은 사람은 어떤 상황에서도 집에 일찍 갈 방법만 찾는다. 평균 야근시간이야 회사마다, 사업부마다, 직군(개발·재무·마케팅·영업 등)마다, 부서마다 다 다르겠지만 한 가지 통하는 것은 중용을 지켜야 한다는 것이다.

《왓칭》이라는 책에서 저자는 스스로를 제3자의 입장에서 객관적으로 바라보는 것이 중요하다고 했다. 곰곰이 생각해보고, 최근 들어 야근을 너무 많이 했다면 가끔은 일찍 퇴근할 필요가 있다. 일만 하면서 살 수는 없다. 잘 살기 위해서는 적당히 놀 줄도 알아야 한다. 회사생활은 마라톤과 같아서 초반에 전력질주를 해서는 절대 결승 테이프를 끊을 수가 없다. 친구들도 만나고, 연인도 만나고, 결혼을 했으면 가족과 시간도 보내는 과정을 통해 충전의 시간을 가져야 한다. 오죽하면 《노는 만큼 성공한다》는 제목의 책이 있을까?

반대로, 최근에 야근을 너무 안 했다 싶으면 가끔은 늦게까지 남을 필요가 있다. 내가 일찍 갔을 때 부서 내 다른 어떤 사람은 늦게까지 남아서 일을 했을 수도 있고, 사무실에서 새벽을 맞았을 수도 있다.

매출이 늘고 손익도 좋으면 상대적으로 수월하게 갈 수 있지만, 매출이 저조하거나 손익이 안 좋으면 각종 자료를 만드느라 정신이 없다. 하루가 어떻게 가는지 모를 정도다. 원인 분석과 대책 마련, 여기에 언제 어떻게 누가 실행을 할 것인지를 정리해놓은 보고서를 작성하느라 늦게까지 사무실에 남아 있었던 기억이 꽤나 많다. 이럴 때는 자원해서 휴일 근무도 해야 한다. 남들은 힘을 합쳐 일을 하는데, 혼자 칼같이 퇴근하는 모습은 절대 아름다워 보이지 않는다.

갓 부서 배치를 받은 신입사원 시절, 책상에 앉아 있자니 딱히 할 일은 없고 눈꺼풀은 천근만근 무겁기만 한 하루를 보낸 적이 있다. 이제 조금 있으면 퇴근시간, 빨리 퇴근해서 동기들이랑 치킨에 맥주 한잔을 하고 싶었다. 그런데 퇴근시간이 다 되어도 선배들은 꿈쩍도 하지 않았다. 먼저 퇴근하겠다고 말해도 돼나? 그냥 기다려볼까? 아니면 신세대답게 "저 먼저 갈게요"라는 멘트를 자신 있게 날려볼까 하고 갈등이 생긴다. 위험한 발상이다. 이럴 때는 먼저 선배들에게 다가가서 다음과 같이 말하는 게 좋다.

"혹시 제가 무슨 도와드릴 일이라도 있을까요?"

그러면 십중팔구는 다음과 같은 대답이 돌아온다.

"아니야, 오늘은 먼저 가고 내일 아침에 보자. 나중에 정말로 할 일이 생기면 그때 시킬 테니, 지금은 분위기 적응도 할 겸 좀 놀아!"

선배들도 신입사원 시절을 겪어봤기에 다 안다. 심심해서 물어보는지, 집에 가고 싶어서 물어보는지, 아니면 정말 의욕적으로 조금이라도 도움이 되고자 물어보는지 말이다. 선배들이 가도 좋다고 하면 그냥 퇴근하면 된다. 대신 선배들이 시킨 일은 최선을 다해서 완수해야 한다. 선배가 신입에게 일을 시킬 때는 두 가지 목적이 있다. 정말 바빠서 조금이라도 도움이 필요하거나, 아니면 후배에게 일을 가르치기 위해서다.

가끔은 신입사원이 묻기 전에 선배가 먼저 다음과 같이 말하기도 한다.

"벌써 퇴근시간이네. 수고했고, 얼른 들어가서 쉬어!"

이때 "네, 알겠습니다!"라고 미끼를 덥석 물어서는 절대 안 된다. 갓 들어온 신입사원에게 일이 많지 않다는 것은 누구나 아는 사실이다. 또 무언가를 잘해낼 거라 기대하지도 않는다. 자칫 타성에 젖어 있는 선배들의 삶에 신선한 활력을 불어넣고, 활기를 잃기 쉬운 부서에 새바람을 일으키는 것이 신입사원이 할 수 있는 최고의 일이다.

신현만의 저서 《입사 후 3년》에는 "평가는 3개월에 시작해서 3년이면 끝난다"라고 적혀 있다. 입사 후 3개월이 그만큼 중요하다는 의미다. 학창 시절의 방과 후 자율학습을 떠올려보자. 말만 자율이었지 으레 강제적으로 반 전체가 남았던 자율학습처럼, 신입 시절에는 정해진 퇴근시간이 딱히 없다. 예전에 한 상무님이 이런 말씀을 하셨다.

"마라톤에서 선두그룹에 속하지 않으면 우승을 할 수가 없다!"

회사에서도 그렇다. 신입 때 선두그룹에 들어야 계속 앞에서 달릴 수 있다. 신입들이여, 스마트하게 일 하고 야근은 하지 말자. 그러나 꼭 해야 할 일이 있다면, 누군가 해야 한다면, 내가 하자. 선두그룹에서 달리고 싶다면 말이다.

07
내 목표에
시간을 맞추는 연습

《시간의 마스터-성경에서 배우는 리더의 시간관리》에는 시간관리에 있어서 아주 중요한 일화가 하나 나온다.

정말 게으른 사람이 있었다. 매일같이 늑장부리고, 어떤 모임에든 지각하고, 예쁜 옷을 입거나 화장하는 것조차 버거워할 정도로 게으른 여자였다. 그런데 어느 날부터 이 사람이 정말 부지런해졌다. 약속시간에도 늦지 않고, 본인을 꾸미는 일에도 열심인 사람으로 탈바꿈하게 된 것이 아닌가. 알고 보니 사랑하는 사람이 생긴 것이었다. 사랑하는 사람에게 더 잘 보이겠다는 목표가 생긴 순간부터 이 사람은 여유가 없던 삶에서 시간이 넘치는 삶을 살게 된 것이다. 강렬한 목표의식을 갖게 된 순간부터 사람은 본능적으로 모든 것을 그것에 맞추려 한다. 목표가 시간을 만들어내는 것이다.

시간관리를 위해서는 먼저 뚜렷한 목표를 세워야 한다. 예를 들어 재무 부서에서 일한다면 '2년 안에 CFA 자격증을 따겠다', 영업 부서에서 일한다면 '매출 목표를 얼마까지 달성하겠다'는 목표를 세우자. '상반기 안에 5킬로그램을 감량한다'는 지극히 개인적인 목표도 좋다. 일단 목표를 뚜렷하게 세워놓고 볼 일이다. 그래야 시간관리에 대한 계산이 선다.

시간관리는 습관이다. 습관은 사람의 미래를 결정하는 매우 중요한 기준이다. '생각이 바뀌면 행동이 바뀌고, 행동이 바뀌면 습관이 바뀌고, 습관이 바뀌면 인생이 바뀐다'는 말은 괜히 있는 게 아니다.

어떤 목표를 세우든 잠은 충분히 자는 것이 좋다. 잠을 줄이면 더 많은 시간을 확보할 수 있겠지만 목표 달성에는 도움이 안 된다. 체력이 약하거나 정신력이 강하지 않은 사람은 얼마 안 가 포기하고 만다. 잠을 줄이는 시도는 할 때마다 실패했다. 대신 내가 선택한 방법은 낮에 졸지 않는 것이었다. 즉 깨어 있는 동안을 양질의 시간으로 사용하고자 했다.

오전 7시에 일어나서 출근한 뒤 오후 6시까지는 업무에 몰입한다. 퇴근 목표시간을 오후 6시로 맞추어놓고는 버닝 아웃burning out을 하는 것이다. 하루하루 완전 연소를 하겠다는 마인드로 데드라인에 맞추어 그날의 업무를 다 끝낸다. 가끔은 물리적으로 일이 너무 많은 시기, 혹은 해외 지법인과의 업무로 인해서 야근을 해야 하는 경우도 발생한다. 집에 가서 씻고 저녁까지 먹고 나면 밤 8시가 된다. 이제부터가 본격적인 나만의 시간이다. 8시부터 12시까지 딱 4시간이 확보된 것이다. 평일 퇴근 후 4시간이면 자기계발하기에 충분하다.

회사와 집은 가까울수록 좋다. 퇴근 후 시간을 돈으로 환산해본다면 회사와 가깝게 사는 것이 여러모로 이익이다. 회사와 집이 멀어서 출퇴근만으로 하루에 2시간 이상 소요된다면, 애써 확보한 4시간 중 절반이나 길에 버려지는 셈이다. 만원버스와 콩나물시루 같은 지하철로 인한 피로는 나머지 2~3시간조차 최상의 컨디션으로 활용할 수 없게 만든다. 버스와 지하철에서도 책을 읽거나 영어 공부를 하는 등 시간 활용은 가능하지만, 절대적으로 출퇴근시간을 줄이고 피로를 최소화하는 편이 훨씬 더 남는 장사다.

우리 회사 통근버스는 강남, 강북을 가릴 것 없이 서울 각지에서 매일 수만 명을 수원으로 실어 나른다. 내 경우, 원래 거주지였던 서울에서 수원의 사무실로 출퇴근을 하려면 하루에 최소 3시간은 걸렸다. 마을버스→지하철→출근버스로 이어지는 1시간 30분의 출근 여정, 그리고 다시 퇴근버스→지하철→마을버스로 이어지는 기나긴 퇴근길. 이쯤 되면 출퇴근이라기보다는 하루 3시간의 여행(?)이라는 표현이 더 잘 어울린다. 체력적으로는 충분히 견딜 수 있었지만, 젊은 날의 소중한 시간들이 길에 버려지는 것 같은 느낌은 참을 수 없었다. 그래서 아예 집을 사무실 근처로 옮겼다.

그런데 이렇게 확보한 퇴근 후 3~4시간을 피곤하다는 변명으로 합리화시키며 텔레비전과 함께 낭비하던 시기가 있었다. 퇴근 후 시간을 거의 텔레비전과 컴퓨터 앞에서 보낸 것 같다. 밤 9시부터 10시나 11시까지 텔레비전을 시청하고, 그 다음엔 새벽 1시까지 인터넷에 접속해 시간을 허비했다. 침대에 누워서도 바로 잠들지 않고 20~30분쯤 텔레비전을 더 봤다. 그렇게 매일 밤 아무것도 한 것 없이 새벽 2시에 잠이 들곤 했다. 이러니 다음 날 아침이 돼도 몸이 가뿐하지 않았다. 회사에서도 업무에 집중하기 어려웠고, 요즘 일이 많다는 둥 스트레스가 심해서 피곤하다는 둥 짜증만 냈다.

물론 텔레비전 시청이 나쁘다는 말은 아니다. 최신 정보와 뉴스를 통해 세상을 알 수 있고, 각종 분야의 트렌드 파악, 유행어 입수, 기분 전환 등등 여러 장점도 있다. 그러나 텔레비전 시청 자체가 목표가 된다거나, 혹은 또 다른 목표를 성취하는 데 있어서 장애가 되어서는 안 된다.

결국 나는 텔레비전의 코드를 뽑아버렸다. 전자제품 본연의 기능을 상실한 텔레비전을 볼 때마다 '평일에 텔레비전을 안 보기로 한 건 정말 잘한 짓이야'라는 생각이 들었다. 대신 나는 책을 집어 들었다. 학창 시절에는 책을 멀리하던 내가 직장생활을 하면서 책을 가까이 하는 습관을 들인 것이다.

지금껏 텔레비전을 끼고 살았다면 이제는 좀 멀어지자. 그게 힘들다면 좋아하는 프로그램을 주말에 몰아서 보면 된다. 평일에는 열심히 일하고 자기계발에 힘쓰자. 대신 주말엔 충분히 쉬고 여유롭게 놀며 친구들도 만나라. 그리고 주말 오전엔 늦잠을 자는 호사도 누려보자. 지난 일주일 동안 열심히 생활한 스스로에게 주는 포상이다. 요즘은 재방송시스템이 잘되어 있어서 토요일 밤 12시부터 텔레비전 앞에 앉아도 주중에 놓친 프로그램들을 거의 다 볼 수 있다. 일요일 밤 10시부터는 텔레비전을 끄고 다시 평일 준비 모드에 들어가자. 저절로 마음이 차분해지지 않는가? 다가올 월요일에 대한 두려움에 맞서기 위해 되도록 아무것도 하지 말고 일찍 잠을 청하자. 내일, 바로 월요일 아침 9시부터 회의다 뭐다 일은 많겠지만, 잠이 이 모든 것을 잊게 해준다.

강한 목표 의식을 갖고 그것에 초점을 맞춰라. 시간에 맞추는 내가 아니라, 내게 맞추는 시간으로 변할 것이다.

🎁 MBA는 필수인가, 선택인가?

MBA에 관심이 많다면 우선 '나는 누구인가? 나는 어떤 사람이기에 더 공부하려 하는가?'라고 스스로에게 질문을 던져보자. 물론 너무 철학적이고 거창한 질문이긴 하다. 그래서 나는 이 질문에 대해 철학박사의 해설을 들고 왔다. 서강대 철학과 엄정식 교수는 이렇게 말했다.

"나를 정확하게 안다는 것은 세 가지 측면에서 바라볼 수 있습니다. 첫째, 내가 하고 싶은 것은 무엇인가? 둘째, 할 수 있는 것은 무엇인가? 셋째, 해야만 하는 것 혹은 해도 되는 것이 무엇인가를 아는 것입니다. 이 모든 것을 알 때 나는 나를 알게 됩니다."

그의 말대로 자신의 욕구와 재능, 그리고 역할에 대해 정확히 파악하고 있어야 스스로를 제대로 알고 있다고 할 수 있다. 그러니 MBA라는 인생의 커다란 기로에서 섣부른 선택을 내리기 전에, 먼저 내가 원하는 것이 무엇이고 잘할 수 있는 것이 무엇인지를 알아야 한다.

MBA를 계획하고 있다면 아래의 세 가지 질문에 대답을 꼭 해보기 바란다.

1. MBA를 하는 것이 과연 내가 진정 원하는 것인가? 혹은 내가 진정 원하는 것을 이루기 위해 꼭 필요한가? [욕구]

2. MBA에 합격한다면 그 속에서 남들보다 잘할 수 있는가? [재능]

3. MBA는 꼭 해야만 하는 것인가? (혹은 해도 되는 것인가?) 내가 꼭 해야만 하는 다른 것과 상충되지는 않는가? [역할]

이 세 가지에 대한 명확한 답변을 얻지 못했다면 섣부른 도전은 하지 말자. 소중한 젊은 날의 한 페이지를 고시 공부하듯이 어두운 기억으로 채울 필요가 있겠는가.

MBA 과정은 최근 많은 직장인들이 한 번쯤 도전해보는 필수 코스다. 비용과 효율성에 대한 많은 물음표가 따라다니기 때문에, 현실과 이상 사이에서 냉철한 판단이 필수다. 내가 회사를 다니면서 MBA에 도전했던 이유는 '지금 하지 않으면 한이 될 것 같은' 절박함과 뜨거운 열정이 있었기 때문이다. 진학 준비를 함께 시작했던 내 친구와 동료는 미국으로 갔다. 가끔은 미국에 있을 그들이 부럽기도 하지만, 나에게는 지금의 선택이 최선이었다고 생각한다. 그리고 언제나 생각하는 것이지만, 회사에 계속 다니는 편이 다 그만두고 학교 가는 것보다는 좋다.

선택에는 언제나 명암이 있게 마련이고 장점과 단점이 항상 동전의 양면처럼 따라다닌다. MBA는 성공을 위한 필수가 아니다. 다만 성공으로 가는 여러 선택의 대안 중 한 가지일 뿐이며, MBA를 통해 억대 연봉자로 변신하겠다고 생각하기보다는 자기 발전을 위한 하나의 방법으로 생각하는 편이 좋을 것 같다.

임직원들의 공부에 대한 관심을 반영하듯, 최근에는 회사에서 MBA 진학을 지원해준다. 삼성도 우수 인력을 선발하여 국내외의 우수 MBA 과정을 지원해준다. 물론 아무나 지원해주는 것은 아니고, MBA 지원 대상자 선발 과정을 거친다. 선발되면 1년 간 업무와 병행하며 진학 준비를 한다. 지맷GMAT, 토플TOEFL, 에세이Essay, 면접Interview 등 스스로 알아서 모든 준비를 한 다음,

합격 통지를 받으면 회사에서 등록금을 지원한다. 재학 기간 동안에는 기본급도 지급해주기 때문에 직장인으로서는 더 이상 바랄 것이 없을 정도의 최상의 대우를 받는 셈이다.

회사 지원 MBA 프로그램은 크게 두 가지로 나눌 수 있는데, 첫 번째는 풀타임Full-time MBA다. 이는 국내외 주간 과정으로, 대상자는 회사 업무를 잠시 중단하고 1년 혹은 2년 과정을 수료하는 데에만 집중한다. 보통 대리-과장 직급의 직원이 이 과정을 밟게 된다. 월급을 받으면서 학생이 되는 색다른 경험이며, 잠시나마 일탈을 꿈꾸는 모든 직장인들의 꿈이 실현되는 아름다운 순간이다.

두 번째는 국내 주말 과정인데, 이 과정은 대개 과장-차장 직급의 직원이 밟는다. 월요일부터 목요일까지는 회사에서 근무를 하고, 금요일과 토요일에는 학교에서 풀타임으로 수강을 한다. 직장생활과 학교생활을 동시에 해야 하기에 풀타임 과정보다는 조금 더 힘들 수 있지만, 그래도 회사 지원으로 학위를 받을 수 있다는 사실에 감사할 만한 좋은 제도인 것 같다. 주말 과정이 풀타임 과정보다 좋은 점은, 국내 주말 과정에서 국내 기업의 요직에 있는 분들과 중소기업 사장님들을 동기로 만날 수 있다는 것이다. 장기적으로 봤을 때는 모두가 차세대 리더들이기 때문에 알아두어 나쁠 것 없는, 아니 알아두는 것만으로도 큰 힘이 될 수 있는 양질의 모임이다.

MBA를 준비하는 많은 사람들이 회사에서 점심시간에 몰래몰래 준비를 한다거나, 혹은 칼퇴근 후 MBA 학원 강의를 듣는다. 그러나 이렇게 공부하다 보면 업무에 소홀해지거나 회사 내 인간관계에 틈이 생긴다. 시간이 갈수록 점점 더 회사에서의 입지가 좁아지고, 그러면 더더욱 진학 준비에 목을 매고, 그러다가 원하는 점수가 안 나오면 조급한 마음에 회사를 그만두기까지 한다. 이는 결코 바람직한 방법이 아니다. MBA라는 인생의 기로 앞에서 더 중요한 일을 위해 과감한 결단을 내리는 거라고 생각할지 모르지만, 사실은 회사를 그만두면서 발생하는 부작용이 더 많다.

일단 회사를 그만두는 순간부터 철저하게 외로운 존재가 된다. 생계를 위한 월급이 사라지면서 더욱 절실하게 MBA를 준비하게 된다. 하루 종일 공부에 매달린다고 해서 정말 공부만 할 수 있을까? 그렇진 않을 것이다. 공부 습관이 배이지 않은 이상 갑자기 쉬지도, 놀지도, 자지도 않고 공부만 할 수는 없다. 결국 회사 다닐 때와 비교했을 때 공부량이 크게 늘지는 않는다. 오히려 절박함 때문에 실제 시험에서 위축되거나 점수가 예상보다 안 나오는 경우가 더 많다.

이것저것 비교해볼 때 공부하고자 하는 마음이 있다면, 무조건 회사일을 열심히 해서 선발되는 것이 최선이다. 동료들이 쉬거나 야근할 때 혼자 퇴근해서 몰래 진학 준비를 하는 것이 당장은 남들보다 앞서가는 일처럼 보일지 모르지만, 결과적으로는 회사 업무에 최선을 다하고 부서에서 인정을 받는 것이 더 효율적이고 빠른 지름길이다. 회사생활을 열심히 하는 것이 진리다. 회사 지원 과정이 아니라면 고생이 구만리임을 반드시 감안해야 한다.

CHAPTER
4

직장생활의
90퍼센트는
'인간관계'다

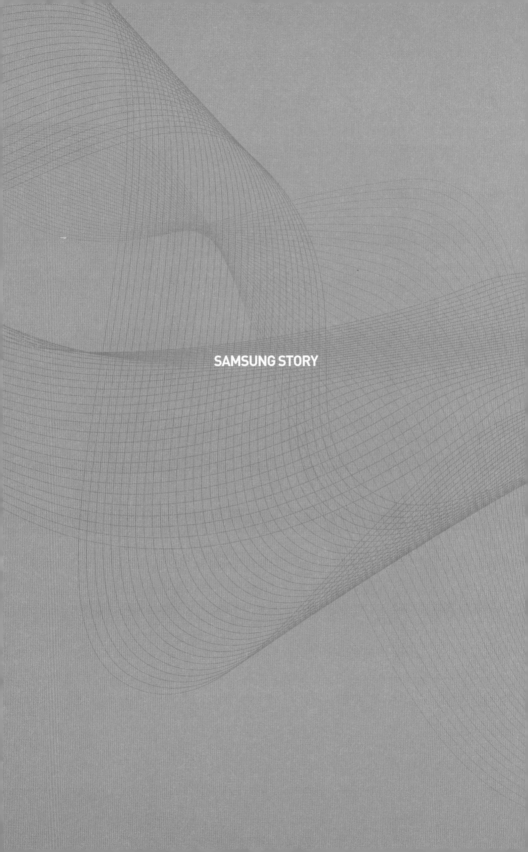
SAMSUNG STORY

01
회식과 '치맥' 속에
쌓여가는 동료애

'치맥'은 '치킨과 맥주'의 준말이다.
치맥은 직장인뿐 아니라 동네 아줌마들의 모임에서도 자주 사용하는
말이다.

직장인에게 퇴근 후 치맥은 동료들과 친해질 수 있는 좋은 기회다.
평소 서먹했던 관계였다거나 업무 이외에는 서로에 대해 잘 모를 때,
치맥은 그 느슨한 관계를 이어주는 좋은 계기가 된다.

하루는 집 근처 공공도서관에서 책도 읽고 영어 공부도 하던 중에
친한 회사친구한테 전화가 왔다. 평소 술은 입에도 대지 않는 친구였
는데, 같은 부서의 과장님과 후배 한 명과 함께 호프집에서 가볍게
담소를 나누고 있다며 나도 나오라고 했다. 한창 책읽기에 빠져 있었
던 데다 전화한 친구 말고 다른 두 명과는 별로 친하지도 않아서 "아

쉽지만, 시간도 늦었으니 다음에 불러주세요" 하고 전화를 끊었다.

거절하긴 했지만 약간의 아쉬움이 남긴 했다. 그때 친구와 함께 있던 과장님이 문자를 보내셨다.

'조 대리! 뭘 그리 열심히 공부해? 와서 치킨이나 먹고 가~.'

평소 그분의 좋은 인품과 빼어난 업무 성과에 대해 관심이 많았던 나는 '이렇게 불러주시니 아니 갈 수 있나요?'라며 단번에 달려갔다.

멤버는 나까지 네 명이었고, 특별한 이야기를 나누지는 않았다. 서로의 근황이나 회사생활하면서 힘든 점 등 소소한 이야기들이 전부였다. 하지만 그날 이후 과장님과 다른 동료들과 부쩍 친해질 수 있었다.

재미있는 것은 그날의 모임 후 1년 정도 지나 내가 그들이 속한 부서로 배치 받았다는 사실이다. 과장님은 나를 따뜻하게 맞아주셨다. 내 생일에는 몰래 케이크를 준비해 깜짝 파티도 열어주셨다. 그들 덕분에 나는 새로운 부서에 빠르게 적응할 수 있었다.

만일 그 술자리에 가지 않았다면 그들과의 친분은 없었을 것이다. 부서 배치 후 적응도 쉽지 않았을 테고, 어쩌면 그곳에 배치되지 않았을 수도 있다.

회식은 업무의 연장선이라는 말이 있다. 한국 사회에서 이 말은 진리다. 회식도 단 하나의 업무로 대한다면 후회할 일은 없다.

다음은 내가 생각하는 회식자리에서 갖추면 좋은 자세다.

일단 평소보다 다소 풀어진 모습을 보인다. 일할 때 모습과 똑같으면 재미가 없다. 회식자리에서는 샌님 스타일보다는 농담도 잘하고, 소위 말하는 '끼 있는' 사람을 선호한다. 그러면서도 주도酒道를 잘 지켜야 한다. 윗사람에게 술을 따를 때는 두 손으로 공손히 정확히 7부를 따르고, 보조를 맞춰가며 술을 마시고, 상사가 잔을 내려놓기 전에는 잔을 내려놓지 않는 예의가 필요하다. 대화를 할 때는 상대방의 말에 귀 기울이면서 적당히 맞장구쳐주는, 경청의 자세를 취하자. 이렇게만 한다면 많은 사람들이 '이 친구는 일도 잘하더니 술자리 센스도 좋구만!' 혹은 '이 친구는 술자리 예절이 좋네. 그러니 일도 잘하지!'라는 느낌을 갖게 될 것이다.

공식적인 회식자리가 아닌 소소한 모임이라면 이렇게까지 예절을 차릴 필요는 없다. 정말 친하고 마음을 터놓을 수 있는 동료들이라면 부담 없이 노는 것도 괜찮다.

오늘, 서먹한 동료와 치맥 한잔하는 건 어떨까?

02
경쟁과
우정 사이

경쟁 속에 발전이 있다. 같은 사무실의 아무리 친한 동료들이라도 보이지 않는 경쟁관계는 존재한다. 평소에는 함께 웃으며 협력하는 관계지만 고과 점수가 발표되는 연말이 되면 상황이 달라진다. 누구는 A고과를 받고, 다른 누구는 C고과를 받았다면 그들 사이에 틈이 생긴다. 고과에 따라 적게는 몇 십만 원에서 많게는 몇 백, 몇 천만 원까지 연봉 차이가 발생한다. 사내 경쟁을 결코 우습게 볼 수 없는 이유다. 이 경우 돈도 문제지만 더 큰 문제는 자존심이다. "왜 내가 저 사람보다 연봉을 적게 받아야 해?"라는 생각이 들면 경쟁을 할 수밖에 없다.

단, 경쟁에도 원칙이 있다. 협력이 최우선이고, 본인의 이익이 아닌 철저하게 회사의 이익을 우선시하는 입장에서 접근해야 한다.

몇 해 전부터 크게 이슈가 되고 있는 오디션 프로그램은 그 정답을 보여주는 것 같다. 수십 명의 참가자 중에서 10명 정도만 선발하는 과정에서 절대 빠지지 않는 코너가 있으니, 바로 하모니(조화)다. 둘이 짝을 이루어 한 곡을 완성하는데, 합격자는 단 한 명뿐이다. 냉혹한 방식이다. 여기서 심사위원들이 보는 것은 개개인의 노래 실력이 아니다. 이미 몇 차례 경연을 통해 실력을 인정받은 사람들이니, 이제는 다른 사람과 얼마나 조화롭게 연주를 완성하는가를 본다.

오디션 프로그램에서 가장 멋졌다고 기억하는 장면은 〈슈퍼스타 K2〉에서 보여준 장재인과 김지수의 듀엣 무대였다. 서인영이 불렀던 테크노풍의 '신데렐라'를 둘이 기타를 치며 완벽하게 소화해내는 모습에 심사위원은 물론이고 시청자들도 깜짝 놀랐다.

결국 두 사람 모두 합격하게 된다. 경쟁의 패러다임을 제로섬^{zero-sum} 게임에서 윈윈^{win-win} 게임으로 바꿔버렸던 것이다.

우리 부서에서는 각 담당자들이 여러 제품을 각자 나누어 론칭한다. 어떤 사람은 대표 제품격인 NX시리즈를 담당하고, 또 어떤 사람은 미러팝^{Mirror POP} 카메라를 담당한다. 그러나 삼성에 세 가지 종류의 카메라만 있는 것은 아니다. 주목받지는 못하지만 더 큰 매출을 올리는 카메라들이 즐비하다. 누군가는 이런 카메라를 담당해서 론칭해야 하는데, 다들 주목받는 제품에 관심을 가진다. 서로 좋은 모델을 론칭하려 하니 자연 신경전도 오가고, 예산을 더 확보하기 위해 알게 모르게 충돌도 생긴다. 이 과정에서 사이가 좀 틀어지기도 한다. 그러나 이 역시 경쟁의 일환이라고 본다면 그리 나쁠 것도 없다고 생각한다. 결국 회사의 매출 증대에 보탬이 되고자 하는 것이기 때문이다.

경쟁에 있어서는 정당한 방법을 써야 한다. 예를 들어 회사의 새로운 전략 방향을 누군가가 먼저 입수했다면 그것을 최대한 빨리 부서원 전체에게 전달해 공유해야 한다. 그렇지 않고 혼자만 정보를 독점하고 프로젝트를 성공시킨다 한들 무슨 의미가 있겠는가. 당장은 상사에게 칭찬을 받을지 모르지만, 결국 시간이 지나면 혼자만 정보를 독점했다는 사실이 들통나게 된다. 나중에는 다른 사람들로부터 정보를 공유 받지 못하는 상황이 될 수도 있다.

나는 딱히 경쟁관계를 만들지는 않는다. 다만, 주변 사람들로부터 배울 것은 다 배우고, 나아가 그 사람보다 더 잘하는 수준까지 마스터하고 싶다. 물론 내가 갖고 있는 지식과 정보도 다 알려주고 싶다. 그래야 나도 도움이 필요할 때 당당하게 요청할 수 있을 테니 말이다. 때로는 알아서들 도와주기도 한다.

이렇게 서로 협동하고 경쟁한 결과 부서 전체의 실적이 좋아진다면 한 명이 아니라 두 명, 세 명이 A고과를 받을 수도 있다. 살벌한 경쟁보다는 이편이 훨씬 낫다.

'아폴로 신드롬'이라는 용어가 있다. 뛰어난 사람들만 모인 조직이 오히려 성과가 좋지 않음을 이르는 말이다. 경쟁도 좋지만 끈끈한 동료애와 협력이 우선임을 잊지 말자.

✿ 점심만 함께 먹어도 친해진다

처음 만난 사람과 친밀해지고 싶다면 밥을 같이 먹어라. 이것은 고대부터 이어져 내려온 방법이다.

수원에 위치한 우리 회사는 무척 넓어서 마치 대학 캠퍼스 같다. 회사 내에 버스가 다닐 정도고, 종점에서 종점까지 20분이나 걸린다. 이렇게 큰 규모 때문에 회사 주변 식당만으로는 수만 명의 인력이 식사를 해결할 방법이 없다. 그래서 사내 식당을 여러 곳 운영하고 있는데, 학교에서처럼 식판을 사용해 급식을 받는다.

매일 11시 30분 혹은 12시가 되면 점심식사를 위한 대이동이 시작된다. 수백, 수천 명의 임직원들이 한꺼번에 움직인다. 이때 중요한 것은 부서원들과 꼭 같이 가는 것이다. 따로 저녁에 시간을 내서 만나기가 쉽지 않은 상황에서 최소한의 노력으로 친해질 수 있는 방법이 점심을 함께 먹는 것이다. 식당으로 이동하면서, 함께 밥을 먹으면서, 다시 사무실로 돌아오면서 삼삼오오 이야기를 나누다보면 관계가 한층 더 돈독해진다.

학창 시절, 친한 친구들과 도시락을 먹던 기억을 돌이켜보면 그렇게 즐거울 수가 없었다(나는 도시락 세대다). 친해서 같이 먹은 건데, 지나고 보니 도시락 때문에 더 친해진 것 같기도 하다.

회사도 마찬가지다. 부서원들끼리 점심을 먹다보면 처음에는 서먹할 수 있지만, 그래도 점점 더 친해지는 것을 느낄 수 있다. 부서장이 싫어서 함께 먹기 싫은 경우는 어떻게 하냐고? 미운 부서장도 사랑으로 안아주자. 혼자

밥을 먹게 할 수는 없지 않은가? 고과를 쥐락펴락하는 사람이 바로 부서장이다. 그걸 생각한다면 점심 한 끼쯤이야 큰 부담은 아니지 않은가?

03

한두 사람 없어도
회사는 굴러간다

갑작스레 개인적인 일이 생겼다든지, 아니면 교육 일정이 잡혀 있다든지 등 여러 이유로 출근을 하지 못하는 날이 있다. 이때 삼성인은 눈치 보지 않고 당당하게 자리를 비울 수 있다. 업무가 개인 단위로 철저히 분업화되어 있는데 어떻게 자리를 비우는 게 가능할까? 업무 단위별로 시스템이 잘 구성돼 있고, 팀 구성원 간에 서로의 역할과 하는 일이 공유돼 있기 때문이다.

사무실에서 혼자 하는 업무는 없다. 반드시 팀 구성원과 함께 하게 된다. 프로젝트 몇 번만 해보면 혼자서 다해낼 수 있는 일은 없다는 사실을 깨닫는다. 완벽한 한 명보다는 조금 부족해도 여러 명이 머리를 맞대는 것이 우월하다. 100점을 가진 사람은 아무리 열심히 해도 100점이지만, 80점인 사람이 두 명 모이면 간단하게 160점을 만들어낸다. 시너지가 나면 80 더하기 80은 160이 아니라 200이나 300도 될 수 있다. 둘이 합쳐 IQ 160이면 어떠랴? 어쨌든 100보다는 낫다. 그래서 다른 사람들과의 자연스런 조화 속에서 만들어진 광고가 더 아름답다. 한눈에 쏙 들어오는 광고, 잊히지 않는 광고, 꼭 사고 싶게 만드는 마케팅 전략이 나오고 매출의 상승이 가능하다.

신입사원들은 보통 의욕에 넘쳐서 모든 일을 혼자 해내려는 경향이 있다. 나 역시 실무 경험도 적은 상태에서 무턱대고 진행을 하다가 제풀에 지쳐 적당히 타협했던 경험이 있다. 자신의 생각이 맞다고 주장하며 끝까지 타협하지 않는 태도, 주변의 의견을 듣지 않는 태도는 결코 최선을 다하는 것이 아니다. 혹시라도 이런 사람이 곁에 있다면 진심을 담아 충고해줘야 한다. 신입 때 이 부분을 깨닫지 못하면 평생 고칠 수 없다. 회사를 나가는 순간까지 자신의 잘못이 무엇인지 알지 못한 채, 노력을 인정해주지 않는 회사를 원망만 하게 된다.

최선을 다하는 것은 주변의 의견을 경청하고, 함께 화음을 맞추는 것이다. 물론 이렇게 하는 것이 더 어렵고 힘들지만, 더 좋은 결과를 만들어낼 확률이 높다. 그래서 삼성인은 최소한 일주일에 한 번 정도는 부서 회의를 통해 서로의 업무와 아이디어를 공유한다. 이는 시스템이 잘 유지되게 만드는 기본이다. 또한 혼자만으로는 부족했던 부분이 부서원 전체의 의견을 수렴하면서 한 단계 발전하고 더 풍성해지는 효과를 가져온다. 자연스럽게 한 사람이 자리를 비워도 부서 내 누군가는 그 업무를 대신해줄 수 있는 수준으로 업무를 이

해할 수 있다.

고백하자면, 나는 부서 단위의 주간 업무 회의에 대해 한때 불만을 가졌었다. '각자 알아서 부장님께 보고드리면 될 것을 왜 남의 일까지 내가 알아야 하는지, 그 시간에 내 일을 하면 더 효율적이고 좋을 텐데' 하는 생각을 했었다. 돌이켜보니 그것이 얼마나 편협한 생각이었는지, 얼굴이 화끈거릴 정도다.

눈치 안 보고 연차를 쓸 수 있는 또 하나의 이유는 삼성인의 업무 스타일에 있다. 삼성인은 미리 예측이 가능한 수준으로 본인의 업무를 장악한다. 대략 한두 달 정도는 무엇을 업무 포인트로 삼아야 하는지, 향후 일주일 동안은 어떤 일을 우선적으로 처리해야 하는지, 또 어느 수준까지 진행을 해놓아야 하는지 철저한 감을 갖고 일을 한다. 언제나 예측 가능한 범위에서 움직이는 것이다. 갑작스레 생긴 일로 결근하는 경우를 제외하고는 대개 언제 연월차를 내겠다는 것까지도 미리 감을 잡고 있다. 그렇기에 하루 이틀 자리를 비울 때도 인수인계에 만전을 기한다. 아무에게나 섣불리 떠넘기지 않고 평소 업무를 공동으로 나누는 동료나 가장 잘할 만한 동료에게 일을 맡긴다.

본인이 자리를 비운 기간에도 업무에 지장이 생기지 않도록 미리 만들어놓는 것, 한 단계 나아가 본인이 없어도 일이 잘 돌아가도록 만들어놓는 것, 이것이 바로 프로의 조건이 아닌가 싶다.

팀이란 힘들 때 서로 의지하고, 실수했을 때 서로 위로해주는 것만이 전부는 아니다. 그 이면에는, 실수했을 때 다른 사람에게 미안해서 고개를 못 들 정도로 각 팀원들이 최선을 다했다는 전제가 필요하다. 원할 땐 언제든지 사무실을 비울 수 있는, 눈치 안 보고 개인의 삶과 회사 업무를 조정할 수 있는 제도와 분위기는 이미 마련이 되었다. 남은 것은 개개인이 최선을 다하는 것이다. 자신의 일을 대신 해줄 부서원들에게 떳떳할 수 있도록 늘 노력해야 한다.

04
함께 일하기
꺼려지는 사람

트위터나 인터넷 게시판에는 종종 상사나 동료를 욕하는 글이 올라오곤 한다. 직장, 소속, 이름을 밝히지 않고 하소연을 하는 것이다. 대개 심각하게 멍청한 상사나 때려주고 싶도록 얄미운 동료, 무섭기까지 한 말단사원 이야기가 펼쳐진다.

삼성에는 트위터나 게시판에 올라올 법한 '해괴한' 사람들은 없다. 적어도 내가 겪은 사람들은 정상 범주 내에 있었다. 그래도 함께 일하기 꺼려지는 사람, 비호감이라 마주치기 싫은 사람은 있었다.

내가 경험하고 관찰한 바에 따르면, 비호감 동료들의 공통적인 특징은 모든 것을 본인 위주로만 생각한다는 점이다. 문제를 해결하는 데 있어서 상대방의 의견을 경청하는 법이 없다. 어려운 일, 까다로운 일은 귀신같이 피해가고 쉬운 일, 업적에 도움이 될 만한 일은 악

착같이 본인이 맡는다. 심지어 후배의 공을 가로채서 상사에게 보고하기도 한다.

다행히 삼성에는 이런 사람들이 극소수에 불과하다. 사실 너무 열심히 일해서 주변 사람들을 괴롭히는 이들이 더 많다.

예컨대 모 부장님은 완벽주의자로 유명했다. 영어 단어로 치자면 'famous(유명한)'라기보다는 'notorious(악명 높은)'에 더 가깝다고 할까? 그는 기획 부서에서 일을 했기 때문에 업무의 특성상 전체적인 틀을 보고 전략을 짠 뒤 각 부서별로 실행이 되도록 추진을 하는 과정에서 부서원들에게 싫은 소리를 할 수밖에 없는 입장이었다. 그런데 그 강도가 너무 센 것이 문제였다. 직속후배가 실수를 하면 조언 한 마디 없이 모두가 듣는 자리에서 바로 욕을 하며 큰 소리로 혼을 낸다든지, 자신의 프로젝트를 추진하는 데 있어 다른 부서와의 협조가 잘 안 되거나 마찰이 있을 경우 밑도 끝도 없이 큰 소리로 상대의 잘못을 지적하는 태도 등은 모든 이의 눈살을 찌푸리게 했다. 직원들에게는 기피 대상 1호였고, 부장님들 사이에서도 좋은 평판을 얻지 못했다.

싫은 소리를 듣고도 아무렇지도 않은 사람은 없다. 더욱이 상처가 될 말들을 공개적으로 듣는다면 아무리 상사라도 싫은 게 당연하다. 잘못한 사람이 아랫사람이라고 해도 무턱대고 나무라거나 소리를 지르기 전에 그의 이야기를 차분하게 들어보고 부드럽게 충고하거나 주의를 주면 웬만하면 다 알아듣는다. 때로는 부드러운 말 한마디가

더욱 강한 설득이 되고 자극이 된다.

솔직히 말해서 나도 그 부장님이 정말 싫었다. 용기를 내서 진로 상담을 했건만, 돌아온 대답이 "진로 문제는 나중에 고민하고 내일 회의 준비부터 하자"라는 답답한 결론뿐이었다.

물론 그가 회사를 아끼고 누구보다 열심히 일했다는 것은 안다. 그렇다고 그의 행동이 이해되는 건 아니다. 자기 마음에 안 든다고 큰소리로 화내고 성질부리는 것이 능사는 아니다. 오히려 반발심만 생기고 역효과만 불렀다. 그가 기획 부서에 있을 때의 사업 성과는 그리 눈에 띄는 정도가 아니었다. 그가 회사를 그만둔 뒤 그 자리에는 차분한 성격의 부장님이 부임했는데, 오히려 부서 분위기가 살아나고 실적도 좋아졌다.

똑같은 잘못 앞에서 어떤 사람은 말로 감동을 주고, 어떤 사람은 말로 상처를 준다. 결국 실수 없이 다 잘하자는 취지로 말하는 것일 텐데, 과연 누구의 말이 더 귀에 들어올까?

05

혼자서는
멀리 못 간다

학창 시절에 영화를 찍어봤다는 사람의 이야기를 들은 적이 있다. 수업 중에 팀 단위로 단편영화를 제작했다고 한다. 팀별 과제인 경우 보통 팀원들이 모여 머리를 맞대고 각본·연출 관련 회의를 한 뒤 촬영·편집을 분업해서 진행한다. 그런데 그는 이 모든 과정을 혼자 진행했다고 한다. 배우 빼고 대부분을 혼자 했다고 하니, 일 욕심이 많아도 너무 많은 것 같았다. 농담삼아 배우도 하지 그랬냐고 물었더니, 카메라 촬영을 해야 해서 배우는 못했다고 한다.

분업을 했으면 각자의 역량에 일을 맡기는 것이 기본인데, 완벽한 작품을 만들어내고자 하는 마음에 혼자 다했다고 한다. 결국 그의 철저함과 추진력으로 팀 전체가 A⁺를 받았지만, 팀원들이 다시는 그와 같은 조를 하지 않겠다고 했으니, 결과는 좋았을지언정 과정은 결코 후한 점수를 주기 어려운 경우다.

한 명이 처음부터 끝까지 다하는 것은 학창 시절에나 가능한 일이다. 누차 이야기하지만, 회사에서는 혼자 하는 일이 없기 때문에 반드시 다른 사람과 의견을 조율해야 하는 상황이 온다. 팀 미션에서는 반드시 의견 충돌이 생기고, 갈등이 불거질 수밖에 없다. 그래서 이 문제를 잘 해결하는 지혜가 필요하다. 프로젝트에서 주무 역할을 하는 사람을 업계 용어로 '마도구찌ﾏﾄﾞｸﾞﾁ'라고 한다. 우리말로 하자면 '창구窓口'의 의미인데, 보통 ○○부서의 마도를 잡았다는 정도의 표현을 쓴다.

주무의 역할은 아주 중요하다. 능력 있는 주무가 있는지, 없는지에 따라 프로젝트의 분위기가 판이하게 달라진다. 의견 충돌이 있을 때 이를 중간에서 잘 조율하며 올바른 방향으로 넘어가는 것과 잘 봉합하지 않고 덮어두거나 어느 한 쪽의 이야기만 듣는 것은 확연히 다른 결과를 초래한다. 후자의 경우 팀원 간 불신이 쌓여 초라한 결과물이 나올 확률이 높다. 모두의 힘을 하나로 모아도 치열한 경쟁에서 살아남을까 말까 한데, 분열된 마음으로 어떻게 고객의 마음을 얻겠는가. 프로젝트가 엉망이 되는 건 불을 보듯 뻔하다.

좋은 제품이 탄생되기까지는 수많은 단계를 거친다. 삼성의 미러리스 카메라 NX시리즈는 말단사원부터 부장에 이르기까지 거의 모든 관계자가 관심을 갖고 정성을 모은 작품이다. NX시리즈는 부피가 콤

팩트 카메라처럼 매우 작고 가볍지만 화질은 DSLR과 같은 수준이며, 렌즈 교환도 가능하여 촬영 상황별로 최적의 화질을 얻을 수 있다.

그런데 고객에게 최우선으로 소구해야 할 포인트가 무엇인지가 늘 고민이었다. 많은 장점들 중에서 가장 임팩트가 큰 것은 무엇인지, 고객으로 하여금 '아하, 바로 이 제품이야!' 하는 생각이 들도록 하는 제품의 특징은 무엇인지에 대한 갑론을박이 있었다. 화질이 가장 중요할 것 같다는 생각이 들겠지만, 카메라의 특성상 화질은 기본이었다. 제품의 디자인과 사이즈, 그리고 렌즈 교환식이라는 특징 중 어느 것 하나 놓칠 것이 없었다.

여기서 한 가지 주목할 내용은 론칭 담당자의 태도다. 본인이 강하게 주장하고 싶을 때도 있었겠지만, 최대한 동료들의 의견을 경청했다. 마케팅 자료를 만들 때도, 예를 들어 TV 광고나 프린트 광고를 제작할 때, 거래선 미팅에 활용할 제품 설명 동영상을 제작할 때 큰소리 내는 것을 못 봤다. 항상 들어주고, 본인의 의견과 다를 때는 상대방이 무시당하는 기분이 들지 않도록 배려하며 말을 했다. 상황을 객관적으로 바라보며 더 나은 선택이 무엇인지, 합리적 대안은 무엇인지 고민하며 최선의 선택을 찾아갔다. 갈등 상황이 생기지 않도록 미리미리 철저하게 예방을 했다.

우리는 수차례 회의를 통해 의견을 수렴한 결과 '들고 다니기 편한, 그런데 사진도 잘 찍히는 카메라'로 소구하기로 했다. 부가적인 기능을 모두 배제한 채 우선은 카메라의 기본에 충실하게 소구하는 것이 맞는다는 판단이었다. 결과는 대박이었다. 카메라의 기본인 화질에 충실하되, 작고 가벼워서 항상 들고 다니며 소소한 일상을 기록으로 남기기에 최적이라는 사실은 세계적으로 많은 고객의 관심을 불러일으키기에 충분했다. 쟁쟁한 일본 기업의 아성에 도전하는 한국 카메라의 새로운 역사라고 할 정도로 시장의 반응이 좋았다.

만약 론칭 담당자가 혼자만의 생각에 빠져 다른 이들의 의견을 무시했다면 어떤 일이 벌어졌을까? 의견이 다를 경우 본인의 주장만 고집하다가 목소리만 높이고 갈등 상황으로 빠져들었거나, 아니면 그와의 의견 충돌이 두려운 나머지 동료들이 그를 외면한 채 계속 혼자 일하도록 가만히 내버려두었을 것이다. 프로젝트마다 매번 갈등이 생기면 본인도 피곤하거니와 다른 사람도 그와 일하기가 꺼려진다.

최선을 다하되 맺고 끊음은 확실하게 해야 하고, 매듭을 지어야 한다. 좋은 게 좋다는 말은 회사에서는 통하지 않는다. 껄끄럽더라도 결론을 내려야 할 부분은 짚고 넘어가야 한다. 굳이 갈등을 품고 갈 필요는 없다는 것이다. 협력, 협조를 하며 갈등 상황을 잘 관리할 필요가 있다.

대학에서 학점은 교수님이 주지만 프로젝트의 최종 학점은 시장과 고객으로부터 받는다. 얼마나 스마트하게 하는지가 중요하다. 혼자 가면 빨리 갈 수 있지만, 함께 가면 멀리 갈 수 있다는 말이 있다. 본인의 주장도, 상대방 의견수렴도, 갈등관리도 모두 스마트하게 하자.

CHAPTER
5

워크 스마트,
스마트 라이프

SAMSUNG STORY

01
워크 하드의 시대에서
워크 스마트의 시대로

내가 생각하는 '회사와 개인의 가장 이상적인 관계'는 이렇다. 회사는 개인이 업무에 더욱 집중할 수 있는 여건을 만들어주고, 충분한 교육의 기회를 제공해 개인이 발전할 수 있도록 돕는다. 한 단계 발전된 개인은 더욱 합리적이고 효율적으로 업무 성과를 올린다. 회사는 업무 성과에 대해 보상하고, 개인은 더욱 발전의 기회를 얻게 된다. 꿈같은 이야기, 이상적인 이야기다. 그런데 삼성에서는 이러한 일들이 실제로 벌어지고 있다. 바로 '워크 스마트Work Smart' 덕분이다.

최근 삼성전자 조직 문화의 화두는 워크 스마트다. 이는 '워크 하드Work Hard'에 대비되는 단어다. 그간 우리 아버지와 선배들이 일을 열심히, 아니 일만 열심히 하는 것에 치중했다면 이제는 일을 똑똑하게,

스마트하게 하고 나머지 시간에는 자신의 삶을 즐기는 방법도 찾아 내라는 의미다.

그렇다면 어떻게 똑똑하게 일을 할까?

출장과 회의, 사석에서의 술자리 등을 통해 많은 주재원들을 만나고 경험하면서 적잖이 들은 말 중 하나는, "그건 그렇게 해도 대세에 지장이 없어"라는 말이다. 대세란 큰 흐름이다. 사소한 일은 과감하게 속전속결로 처리하고, 큰 흐름에 더 집중하여 좋은 결과를 만들어 내자는 이야기다.

인간의 정보 습득력은 200메가바이트^{MB}라고 한다. 그러나 우리는 단지 13메가바이트만을 받아들인다. 이는 우리가 태생적으로 갖고 있는 거름장치다. 이 거름장치 때문에 인간은 자기가 보고 싶은 것, 듣고 싶은 것만 받아들이게 된다. 우리는 이 거름장치를 잘만 사용하는 것만으로도 업무 효율을 높일 수 있다.

나의 롤 모델인 A상무님, 그의 장점을 나열하자면 끝도 없다. 우선 외모가 멋지다. 젊은 나이에 임원이 될 만큼 능력도 뛰어나다. 스마트한 두뇌, 재치와 유머를 갖춘 그는 윗사람의 기분을 적당히 맞춰줄 줄 알면서도 할 말은 꼭 한다. 그러면서도 상대방 기분이 나쁘지 않게 말할 줄 안다. 아랫사람에게 일을 시킬 때는 깔끔하고 명료하게 지시하고, 많은 사람들 앞에서 언제라도 자신 있게 좌중과 소통하는 프레젠테이션 스킬도 갖고 있다. 능력이 출중하다보니 한번은 이런 일도 있었다. 전 세계 삼성 지법인장들이 모인 글로벌 회의

때 앞 팀의 시간 지체로 해당 사업부의 발표시간이 부족해졌다. 그 때 사장님이 "다른 순서 다 빼고 A상무 발표만 진행하라"라고 지시했다고 한다.

이 정도의 업무 능력을 지닌 사람이니 보고 배우기만 해도 큰 도움이 될 게 분명했다. 나는 상무님의 업무 성향을 옆에서 자세히 관찰했다. 상무님은 중요하다고 생각되는 문제는 매우 열심히, 몰입해서 추진한다. 그러나 대세에 지장이 없다고 생각되는 업무는 크게 비중을 두지 않고 실무 담당자들에게 적절히 권한 위임을 한다. 이렇게 하면 다른 중요한 업무에 시간을 더 쏟을 수 있는 동시에, 그 업무를 진행하는 실무 담당자는 자신을 믿고 맡겨준 상무님에게 감사하는 마음으로 최선을 다해 결과를 만들어낸다. 그렇다고 해서 상무님이 모든 일을 분석적으로 생각하고 지시를 내리는 것은 아니다. 다만, 직관적으로 거름장치를 가동시키는 것 같다. 그간의 회사생활을 통해 축적한 경험들을 바탕으로 재빠르게 판단하는 것이다.

이제는 열심히 하는 것만으로는 부족하다. A상무님처럼, 같은 일을 하더라도 스마트하게 해서 남다른 성과를 내야 한다. 눈치 보느라 하는 야근이나 보고를 위한 보고서 작성 등에 시간을 허비하지 말고, 그 시간을 놀고 휴식하는 데 써야 한다.

다음 장에서 설명하겠지만 삼성은 자율출근제, 재택근무제 등등 워크 스마트를 위한 많은 제도들을 운영한다. 당장의 업무 성과를 생각한다면 이러한 제도들은 회사 경영자 입장에서는 부담스러운 선택일 수 있다. 그러나 이는 회사 임직원들의 복지를 고려한 결정인 동시에 장기적으로는 회사에 이익이 되는 결정이다.

02
워크 플레이스
Great Work Place

GWP는 'Great Work Place'의 약어이다. 일하기 좋은 회사, 혹은 다니기 좋은 직장을 뜻하는 말이다. 미국 한 회사에서 구체적인 수치를 바탕으로 만든 개념으로, 연봉·복지·인간관계·부서 분위기·업무만족도 등 다양한 측면에서 회사를 분석하고 지수를 책정하여 회사를 판단하는 척도로 쓰인다. GWP 지수가 높은 대표적인 회사로는 구글 등이 있다.

삼성은 매년 가을, 각 부서 단위로 GWP 평가를 한다. 임직원 모두 각 항목을 평가하고, 평균치를 바탕으로 해당 부서의 장점과 단점을 분석한다. 물론 평가하는 것이 전부는 아니다. 단점은 개선하고, 장점은 타 부서로 전파해 보다 일하기 좋은 직장을 만드는 것이 목적이다.

행복은 상대적이기 때문에 객관적으로 그 수치를 표시하는 것이 어려우며, 오차가 있을 확률도 높은 편이다. 그러나 GWP 결과는 실제로 많은 사람들이 느끼는 기분을 대부분 반영한다.

워크 스마트와 일하기 좋은 회사Great Work Place는 복지와 업무만족도에서 서로 연결되는 측면이 있다. 삼성은 이 두 항목을 가장 중요하게 생각한다. 실제로 인사팀에는 업무 목표에 '좋은 직장 만들기'를 기재한 사람이 있을 정도로 이 부분에 관심을 쏟는다.

그렇다면 좋은 직장을 만들려면 어떻게 해야 할까? 초등학교 시절, 소풍 전날이면 잠도 못 이룰 정도로 설레곤 했다. 그 시절 소풍은 아주 즐거운 행사였다. 회사에서도 GWP 행사의 일환으로 분기별로 소풍을 간다. 우리 부서는 에버랜드를 가거나 당일치기로 바다를 보러 갔었다. 그간의 쌓인 스트레스도 풀고, 맛있는 음식을 먹으며 부서원들과 진솔한 대화도 나눌 수 있는 좋은 시간이었다.

이런 행사들은 일반적인 회식이나 워크숍과는 다르다. 식사를 하거나 술을 마시더라도 소주에 삼겹살, 치킨에 맥주로 대표되는 전형적인 회식 대신 와인에 파스타, 커피에 브런치 등을 먹는다. 야외로 나가더라도 아무데나 가는 게 아니다. 테마를 정해서 고궁, 미술관, 젊은이들이 많은 번화가 명소 등 목적을 분명히 하고 간다. 우리 부서는 카메라와 관련된 업무를 하기 때문에 야외 출사를 가거나, 모델을 섭외하여 인물사진 촬영 콘테스트를 하기도 했다. 나는 모든 행사를 손꼽아 기다렸다.

그래 봐야 회사일이니 업무로 느껴지지 않느냐고 묻는 이들이 있다. 전혀 그렇지 않다. 행사에 별로 관심이 없던 이들도 막상 프로그램이 진행되면 언제 그랬냐는 듯이 웃고 즐긴다.

프로그램은 각 부서에 있는 GWP 에이전트가 진행한다. 부서원 모두의 의견을 수렴하여 매분기 참신한 아이디어로 부서 분위기를 띄우는 것이 GWP 에이전트의 주임무다.

최근에는 술자리 문화 개선에 대한 캠페인을 벌였다. '119 운동'이라고 하는데, 한 가지 술로 1차만, 9시까지 끝낸다는 내용이다. 그래서 공식 회식은 대부분 밤 9시 이전에 끝낸다. 회사 차원에서 권한 사항이긴 하지만 대부분의 임직원들이 이를 잘 지키고 있다.

성희롱이나 음주운전, 격한 다툼 같은 문제들은 대부분 취한 상태일 때 벌어진다. 게다가 이런 일들은 중요한 퇴직 사유가 되기도 한다. 아무리 술 때문이라고 변명해봤자 소용없고, 대신 책임져줄 사람도 없다. 또한 밤새워 술을 마신 뒤 출근을 하면 일의 효율성이 떨어진다. "나는 아무리 마셔도 끄떡없어. 일에 지장 주지 않는다고"라고 하는데, 과연 그럴까? 결론적으로 119 술자리는 가족과 보내는 시간을 늘리고 업무 집중력을 높여주었다.

우리 아버지 세대는 평소 밤낮없이 일하다가 가끔 일찍 퇴근하면 술로 밤을 새우는 게 일상이었다. 밤새 술을 마신 뒤 새벽에 사우나에 가서 뜨거운 김으로 술을 깨고, 상사가 오기 전부터 업무를 시작하는 것이 강한 체력을 과시하며 열정을 드러내는 방법이었다. 그러나 이제는 직장인들의 밤 문화가 바뀌고 있다. 밤늦도록 술을 먹지 않아도 열정을 보여줄 방법은 많다. 퇴근 후에는 개인 취미를 즐기고, 부서 동료들과는 맨정신으로 진솔하게 마음을 나눌 수 있다.

눈에 띄게 바뀐 것들은 원샷 강요 금지와 건배 줄이기다. 보통 회식 자리에선 건배를 하며 부서 단결을 도모한다. 문제는 식사 중에, 술을 마시는 중간중간에 모두들 한마디씩 하면서 건배 제의를 한다는 것이다. 여러 사람이 비슷한 말을 하다보니 감동도 줄어들고, 재미도 없다. 긴장을 풀고 기분 좋게 놀아야 할 회식자리에서 사람들은 저마다 자기 차례에 무슨 말을 할지 고민하기도 한다.

삼성은 건배 제의하는 문화를 아예 없앴다. 원샷 후 만세를 외치며 분위기를 탄 사람들이 한번에 술을 들이키는 경우도 줄어들었다. 술은 본인이 원하는 만큼만 마시면 된다. 술에 약한 사람에게는 희소식이다.

03
일도 잘하고
가정도 행복하려면

　　　　　　　　'아빠는 슈퍼맨'이라는 한 정유사 CF
가 생각난다. 낮에는 일하고, 저녁에는 야근하고, 밤에는 집에서 아
내 챙기고, 주말에는 아이와 놀아주는 아빠. 피곤에 절어 살면서도
일과 가정 모두에서 최선을 다하는 아빠는 슈퍼맨 같은 존재라는 내
용이었다. 슈퍼맨은 가상의 영웅이지만, 이 내용은 대한민국 직장인
들이 겪고 있는 현실이었다.

　일만 하기는 쉽다. 가족만 챙기는 것도 쉽다. 둘 중 하나만 잘하면
그냥 평범한 사람이다. 둘 다 잘해야 진정한 프로다. 워크 라이프 밸
런스Work-Life Balance, 즉 일과 삶의 조화는 성공을 꿈꾸는 모든 직장인
들의 과제다. 바로 이것을 하기 위해 워크 스마트를 추구하고 일하기
좋은 직장을 만들려고 하는 것이다.

2011년 초에 감사팀과 함께 일을 한 적이 있다. 감사팀은 근무시간과 강도에서 최고의 업무량을 자랑한다. 그때 친하게 지냈던 한 차장님이 있었다. 그는 하버드대학에서 MBA를 마친 인재로, 영어에 능통하고 분석력이 뛰어나 회사에서도 인정받고 있었다. 당시 나는 차장님과 함께 근무하면서 그가 정말 체력이 강하고, 업무 능력이 좋다는 걸 느꼈었다.

그런데 그는 과중한 업무 속에서도 딸 사진을 보여주면서 "객관적으로 봐도 예쁘고 귀엽게 생겼다"라며 자랑하곤 했다. 그럴 때마다 아버지로서의 그의 인간적인 매력을 느낄 수 있었다.

하루는 차장님이 일하다가 늦어 새벽 2~3시쯤 집에 들어간 적이 있었다고 한다. 그런데 그날따라 아이가 늦게까지 자지 않고 서럽게 울고 있었다. 자초지종을 들어보니 평소 숙제를 빼먹지 않고 준비물도 꼼꼼하게 챙기던 아이가 깜빡하고 다음 날 필요한 준비물을 챙기지 않은 것이다. 어른 입장에서는 별일 아닌데, 아이 입장에서는 큰일이었나 보다. 집 근처 문방구는 이미 문을 닫은 시간이어서 차장님의 아내는 그저 아이를 달래주는 수밖에 없었다. 그 모습을 본 차장님은 24시간 영업하는 대형 할인마트로 향했다. 그곳에서 딸의 준비물을 구입한 뒤 집으로 돌아오니 잠잘 시간은 고작 2~3시간뿐이었다고 한다.

감사팀은 토요일도 거의 매주 출근하는 편이라 유일하게 쉴 수 있는 날은 일요일뿐이었다. 그 귀한 휴일을 차장님은 한강 둔치나 놀이터에 가서 아이와 함께 보낸다고 했다. 꽤 강도 높은 업무를 6일 내내 견딘다면 피곤해서 집 밖으로는 한 발짝도 나오지 않을 것 같은 나로서는 정말 입이 쩍 벌어지는 순간이었다.

남들이 보기에는 피곤에 찌든 전형적인 한국의 직장인이자 한 아버지의 모습이지만, 본인에게는 이 모든 것이 성공을 위한 위대한 노력이라는 생각이 든다. 차장님은 직장에서의 성취와 가정에서의 행복을 동시에 추구하면서 실행하는 멋진 사람이다. 일과 삶의 조화를 실천하는 사람이라고나 할까? 그래서 그가 더욱 더 존경스럽게 느껴진다.

🔶 삼성의 시스템

언제부터인가 '관리의 삼성'이라는 말이 경영학계와 매스컴에 많이 등장한다. 입사 전에는 이게 무슨 말인가 했는데, 몇 년 지난 지금은 "아~, 이래서 관리의 삼성이라고 하는구나!" 할 때가 있다.

은행에 가서 자세히 살펴보면, 창구에 고객을 상대하는 직원이 있고, 그 뒤에는 또 다른 몇 명이 뭔가 분주하게 일하고 있다. 이를 두고 프론트오피스 Front Office와 백오피스Back Office라고 부른다. 프론트오피스 직원들은 주로 고객을 직접 상대하는 일을 한다. 반면 백오피스 직원들은 프론트오피스 직원들을 직간접적으로 지원하는 일을 한다. 시스템을 편하게 만들거나 각종 복지를 제공하는 등 프론트오피스 직원들이 최상의 컨디션으로 고객을 만날 수 있도록 하는 것이 그들의 주업무다.

군대로 치자면 전방 부대와 후방 지원부대라 할 수 있다. 실제 전쟁은 전방 부대에서 하지만, 얼마나 든든한 지원군이 뒷받침하는가에 따라 전쟁의 승패가 갈릴 수 있다. 그런 점에서 현장에서 열심히 뛰고 있는 영업을 뒷받침하는 백오피스의 역할은 매우 중요하다. 삼성은 백오피스가 최고로 잘 구축된 회사다. 각종 업무들이 시스템으로 구축되어 있기 때문에 누구나 쉽게 이용이 가능하다. 또 누구나 쉽게 모든 정보에 접근할 수 있다.

어느 나라에 카메라를 몇 대 팔았는지 궁금하면 누구에게 부탁할 것도 없다. 시스템에 접속해서 나라 이름만 클릭하면 바로 자료를 볼 수 있다. 몇 월 몇 주차에 몇 대를 판매했는지, 어떤 모델이 가장 많이 판매되었는지부터 올해

나의 판매 목표는 얼마인지, 부서 마케팅 비용은 얼마나 남았고 오늘이 부서원 중 누구의 생일인지 등 모든 것이 시스템으로 구축되어 있다. 심지어 몇 시에 출근해서 몇 시에 퇴근했는지, 야근은 얼마나 했는지, 야근을 너무 많이 해서 개인의 삶이 불행하게 느낄 우려는 없는지, 건강은 괜찮은지 등 모든 것이 데이터로 관리된다. 관리의 삼성, 시스템의 삼성은 모두 백오피스 부서에서 회사를 잘 관리하기 위해, 그리고 프론트오피스를 지원하기 위해 탄생했다.

시스템 구축에는 많은 비용과 노력이 든다. 그렇게 만든 시스템이 활용하기 어렵다면 어떻게 될까? 아무도 사용하지 않기 때문에 죽은 시스템이 될 것이다. 삼성은 현업을 잘 아는 직원들로 TF Task Force팀이 구성되어 매일같이 시스템업체와 씨름하고 있다. 그 결과 '어떻게 하면 직원들이 의미 있는 정보를 쉽고 빠르게 볼 수 있을까'에서 출발하여 매우 편리하면서도 효율적인 시스템을 만들어냈다. 사용자 측면에서 만든 모든 시스템은 경영층이 회사의 현황을 한눈에 알아볼 수 있도록 도와준다. 각종 보고서 없이 그냥 바로 컴퓨터 화면에서 보는 것이 효율적이다. 아랫사람은 보고서를 만들 시간에 다른 일에 몰입할 수 있고, 경영층은 보고서보다 더 빨리 다양한 정보를 볼 수 있다. 자연히 경영진에서 회사를 관리하기도 수월하다. 비가 새는 곳은 없는지, 기둥에 금이 가지는 않았는지 등등 꼼꼼히 집 안팎을 살펴보고 미리미리 대비할 수 있는 각종 시스템은 '관리의 삼성'을 있게 한 원동력이다.

04

삼성맨도
노는 게 제일 좋아

내가 속한 곳이 카메라를 다루는 사업부인 만큼 임직원 개개인의 카메라 다루는 실력과 관심은 평균 이상이다. 그래서 일반인들은 우리에게 사진 찍을 기회가 많다고 여길 수도 있다. 하지만 현실은 그렇지 못하다. 바쁜 업무와 고된 일상으로 개인적으로도 사진 찍을 시간을 내기가 쉽지 않다.

어느 날, 사진 실력을 발휘할 기회가 왔다. 부서원 전체가 카메라를 들고 스튜디오로 향한 것이다. 일종의 부서 이벤트였는데, 모델을 섭외해서 일일 사진작가 체험도 하고, 본인이 모델이 되어 프로필 사진도 찍어보기로 했다. 어떤 구도로 찍을 때 모델이 가장 예쁘게 나올까? 누워서 찍으면 어떤 구도가 나올까? 스튜디오용 플래시와 카메라를 함께 연동시키면 나도 잡지모델처럼 멋지게 나올까? 생각만 해보던 것을 직접 해보니 신기하고도 참 재미있었다. 희한하게도 이날 남자들 대부분은 사진을 찍는 데 즐거움을 느꼈고, 여자들 대부분은 직접 모델이 되어 프로필 사진을 찍느라 여념이 없었다. 자연스레 사진작가와 모델 역할 구분이 이뤄졌다. 모두가 한 번쯤은 프로작가처럼 전
문 모델을 촬영해보는 시간도 가졌다.

스튜디오 촬영이 끝난 뒤엔 뒤풀이 시간이 이어졌다. "부장님의 입맛도 우리가 상대할 세계인의 문화와 젊은 문화로 바꾸자!" "이날만큼은 파스타와 스테이크, 피자와 칵테일로 젊게 가보자!" 이것이 그날 우리의 모토였다. 그날의 '회식', 아니 '문화 체험'은 팍팍한 회사생활의 한 줄기 단비 같은 기억으로 남아 있다.

05
자율출근 제도와 시간 관리

오후 6시, 평범한 직장인들에겐 꿀같이 달콤한 시간이다. 퇴근시간! 하지만 삼성에서는 꿈같은 이야기다. 우리는 업무 끝내고 집에 들어가야 할 시간이지만 글로벌 기업답게 세계 곳곳의 삼성맨들, 즉 지구 반대편에서는 한참 업무 중이기 때문이다. 퇴근한답시고 일을 두고 그냥 가기도 그렇고, 그렇다고 매일 야근할 수도 없고…….

글로벌 기업이기에, 세계 곳곳과 연락을 취하면서 업무를 진행해야 하기에 그 방안으로 생겨난 게 자율출근 제도다. 삼성전자는 공장이나 특수한 부서를 제외하고는 거의 대부분의 부서에서 자율출근제를 시행한다. 자율출근제는 오전 6시부터 오후 1시까지 본인이 원하는 시간에 출근하여 9시간(점심시간 1시간 포함)을 근무한 다음 퇴근하는 제도다. 만약 오전 6시에 출근할 경우 오후 3시면 퇴근할 수 있다. 오후에 꼭 해야만 하는 개인적인 일이 있으면 새벽에 출근하면 된다. 반대로 저녁에 해외 지법인과 연락할 일이 있는 날이면 느긋하게 출근하면 되는 것이다.

이 제도의 취지는, 개인에게 자유를 주어서 스스로 자신의 시간과 일상을 컨트롤하고, 그만큼 업무 성과를 더 내달라는 것이다. 원하는 시간에 일하라고 회사에서 배려해주는 것이 얼마나 좋은지 모른다. 자율출근제가 시행되기 전에는 '8~5제'를 시행했었다. 말이 '8시 출근 5시 퇴근'이지, 실상은 5시 반에 저녁 먹고 다시 들어와 야근하는 날이 훨씬 많았다. 그러나 자율출근제를 시행한 이후에는 간혹 늦잠을 자는 날에도 "정말 다행이다. 지각은 아니구나!" 하는 생각과 더불어 "나를 위해 회사가 이렇게 배려해주는데 나도 월급 이상은 해야지!" 하는 마음이 저절로 든다.

혹시 여러분 중에서 "그럼, 맨날 늦게 출근해도 되겠네?" 혹은 "아침에 회의가 있으면 어떡하지?"라고 생각하는 사람들도 있을지 모르겠다. 실제로 시행 초기에 많이 나왔던 우려들이다. 그러나 실제로는 매일 늦게, 늑장부려 출근하는 직원은 거의 없다. 늦게 오면 늦게까지 있어야 하기 때문이다. 오후 1시에 출근한다면 밤 10시까지 사무실에 있어야 하는데 그걸 좋아하는 사람도, 자주 하는 사람도 없다. 그리고 아침에 회의가 있는 경우에는 당연히 일찍 나와서 준비한다.

자율출근제의 본질은 마음대로 출근하고 마음대로 퇴근하는 것이 아니라, 본인의 업무에 최적인 시간에 출근하여 효율적으로 일하고 퇴근하는 것이다. 기존의 근태관리가 시간을 기준으로 했다면, 앞으로는 업무 성과를 위주로 전환하겠다는 뜻이기도 하다. 돌이켜보면 대부분의 기업에서는 모두가 동일한 시간대에 출근해 일하다가 누가 늦게까지 누가 많이 일하는지로 눈치 게임을 벌이곤 했다. 이래서는 업무 성과도 안 오르고, 개인의 삶에도 그리 좋을 것이 없다는 판단 하에 회사에서 전격 시행한 것이다.

자율출근제 도입 첫날은 예상했던 대로 많은 사람들이 "내가 정말 늦게 나와도 되는 건가?" 하면서 눈치를 살폈다. 그 뒤로는 "회사에서 이렇게 개개인을 배려해주는데 당연히 업무 성과를 올리고 기여를 해야지"라는 식으로 직원들의 의식이 변하기 시작했다. 다시 말하지만, 자율출근제는 무턱대고 늦게 출근하는 제도가 아니다. 임직원 개개인의 일과 삶의 균형을 맞추고, 성과 위주로 업무 내용을 판단하겠다는 삼성의 새로운 철학이 녹아 있는 제도인 것이다.

자율출근제에서 빼놓을 수 없는 것은 '집중 근무시간'이다. 오전 9~11시, 오후 2~4시. 오전오후 각각 2시간 동안은 집중 근무시간으로, 업무상 연락이나 회의 소집을 자제하고 중요한 업무를 집중해서 처리한다. 이 시간에는 커피를 마시거나 담배를 피우는 일 없이 최대한 일에 몰입한다. 이것은 자율출근제라는 명목으로 시간을 비효율적으로 쓰고 정신이 해이해지는 것을 막아주는 기능을 한다. 실제 업무시간을 돌이켜보면, 책상에 앉아서 일 좀 하려고 하면 누가 부르고 전화가 오는 등 일의 흐름이 끊기는 경우가 많았다. 그러나 집중 근무시간을 정하고 나니 예전에는 2시간 걸릴 일을 1시간 안에 끝내는 경우도 생기고, 그러다보면 일주일 걸릴 일을 하루에 해내기도 한다.

이래저래 자율출근제는 시간관리에 날개를 달아주는 제도인 것 같다. 기존에는 늦게까지 남는 사람이 열심히 일하는 사람으로 비추어졌지만, 이제는 출퇴근시간이 서로 달라서 그러한 공식을 적용할 수도 없다. 추가 수당을 지급해야 하는 야근은 비용 증가의 주범으로 인식돼 회사 내에서 더 이상 환영받지 못한다는 사실을 명심하자. 진짜 유능한 직장인은 업무시간에 최대한 집중해서 그날의 업무를 다 마무리하는 사람이다. 집중해서, 몰입된 상태에서 일해야 업무 성과도 올라가고, 또 개인시간도 확보할 수 있음을 기억하기 바란다.

학창 시절, 스스로 목표를 세우고 책상에 앉아서 공부를 하는 날에는 기분이 좋았다. 그렇지만 남이 목표를 정해주고 책상에 앉으라고 지시하거나, 혹은 공부하려고 책을 폈는데 '공부 좀 하라'는 잔소리가 들려올 때는 공부고 뭐고 다 귀찮았다. 자율출근제는 나와 같은 사람들에게 도움이 되는 제도다. 회사에서는 아무 말도 안 할 테니 각자 알아서 시간관리하고 업무 성과를 내라는 이 제도의 취지는 내게 잘 맞는다. 물론 24시간 돌아가는 반도체 생산라인 같은 곳에서는 시행이 불가능하다. 또한 부서 분위기가 애매한 곳은 직원들이 눈치를 보느라 잘 시행하지 못하는 경우도 있다. 그러나 대부분의 임직원은 무리 없이 잘 적용하고 있다.

앞으로 많은 회사에서 자율출근제를 적용하기를 바란다. 특히나 글로벌 기업이라면 말이다. 잠도 충분히 잘 수 있고, 눈치 안 보고 개운한 마음으로 퇴근하는 기분은 참 좋다. 자율출근제는 글로벌 기업 삼성의 단 하나의 확실한 경쟁력이다.

📦 삼성의 이런 배려, 참 좋다!

삼성 내에는 임직원들조차 잘 모르는 제도들이 많다. 여기서는 임직원들을 위한 몇 가지 배려 차원의 제도들을 간략하게나마 소개한다.

사내 도서관

내 인생 최고의 도서관은 바로 사내 도서관이다. 삼성은 최첨단 IT기업이기에 임직원들에게도 양질의 정보를 제공하고자 많은 노력을 기울인다. 그래서 사내 도서관에는 각종 최신 논문들, 정보화 관련 책자들이 즐비하다. 많은 사람들이 이용할 만큼의 넓은 공간은 아니지만, 자투리시간을 이용하여 공부하기에는 더할 나위 없이 좋은 곳이다. 영어가 부족한 이에게 사내 도서관은 점심시간 1시간을 매우 알차게 보낼 수 있는 장소이기도 하다.

유명강사 초청 강연

거의 매주 각계각층의 유명인을 초청하여 그들의 삶과 생각을 들어보는 시간을 갖는다. 양준혁, 한비야, 유명 TV프로그램의 PD(예를 들어 〈아마존의 눈물〉, 〈개그콘서트〉 등등)들도 초청하고, 외국 유명대학의 석학들까지 초청한다. 최근에는 'Samsung Ted 닷컴'이라고 해서 사전 신청을 받아 임직원들 가운데 한 명이 20분 내외의 짧은 강연을 진행하기도 한다.

카운슬링팀

상담 전문가들로 구성돼 있고, 임직원 누구라도 고민이 생기면 연락하여 상담을 받을 수 있다. 가정이나 직장 문제, 건강, 스트레스 관리 등등 고민거리가 생겼을 때는 전문가의 따뜻한 위로를 받을 수 있다.

삼성 지식인과 해결팡팡팀

회사의 각종 정책에 대해 궁금하기는 한데, 도대체 누구한테 물어봐야 할지 모를 경우 인터넷 게시판에 질문을 올려두기만 하면 누군가 답변을 달아준다. 아무나 글을 올리고 아무나 답변을 해주는 것이 바로 '삼성 지식인'이다. 인사팀에서 운영하는 '해결팡팡팀'이라는 사내 게시판도 있는데, 여기에 궁금한 사항을 올리면 인사팀 담당자가 다양한 방법으로 현업 부서에 연락해 명확한 답변을 준다. 그것도 바로 당일, 늦어도 그 다음 날까지.

임산부 배려

임산부를 위한 제도도 있다. 수원에 위치한 디지털 시티는 워낙 넓어서 건물부터 셔틀버스 타는 곳까지 상당히 멀다. 하지만 임산부일 경우엔 주차권을 주기 때문에 단지 내 건물 바로 앞까지 들어와 주차할 수 있다. 또한 사내 식당에서는 추가 영양 디저트로 매 끼니마다 우유, 과일, 주스 등을 임산부에게 제공하고 있다. 과도한 야근도 금지다. 야근을 많이 할 경우 부서장에게 경고 메일이 발송되며, 그래도 야근을 계속할 때는 부서장에게 불이익이 갈 수도 있으므로 다들 알아서 일을 줄여준다. 참고로 우리 부서에서는 임신한 직원의 업무를 서로 분담하기도 했다.

창의력 개발 연구소

본인이 개발하고 싶어 하는 프로젝트를 회사에 제시한 후 채택이 되면 팀을 구성하여 진행할 수 있다. 안구인식 마우스가 그 대표적인 사례다. 안구인식 마우스는 손발 사용이 불편한 사람들을 위해 눈동자로 마우스를 조정할 수 있도록 만든 것이다. 그전까지는 안구인식 마우스의 가격이 너무 비싸 보급에 어려움이 있었다. 그러나 삼성에서 어떤 개발자가 직접 프로젝트를 지원해 팀을 구성했고, 기존 가격의 10분의 1도 안 되는 가격으로 제품을 개발해냈다. 본인의 열정과 회사의 제도가 만들어낸 시너지 효과의 대표적인 사례다.

커리어 마켓

부서를 옮기고자 하는 사람은 부서장이 놓아주질 않고, 새로운 내부 인력을 받아들이고자 하는 부서장은 누굴 데려오기가 미안해서 말도 못한다. 이렇듯 사내 인력 시장에서 불합리한 문제를 해결하기 위해 나온 것이 바로 '잡 포스팅Job Posting' 제도다. 인력이 필요한 부서에서는 공개적으로 어떤 인력 몇 명이 필요하다고 게시(잡 포스팅)를 한다. 이때 우수 인력을 놓치지 않기 위해 부서장은 부하직원에게 최선을 다해 비전을 제시한다. 그리고 관심 있는 임직원은 그 부서에 인사팀을 통해 지원을 한다.

러브오피스

몇 년 전에 방영했던 〈러브하우스〉를 모방한 것으로, 사무실을 꾸며주는 프로그램이다. 각 부서별로 얼마의 예산으로 어떻게 꾸밀 것인지에 대해 의견을 제시하면, 그중 가장 참신하고 효율적인 것으로 채택하여 인사팀에서 비용을 지원해준다. 채택된 내용 중에는 친환경적 분위기, 가정적 분위기, 미니 사진관 등등 각종 다양한 구성안이 있었다.

가정의 날

평소 야근이 많은 삼성맨들을 배려하여 회사에서 적극 추진하고 있는 제도 중 하나다. 매월 첫 번째 수요일은 사업부 전체가 무조건 정시에 퇴근하고, 또 다른 한 번의 수요일은 부서 자체적으로 정하여 정시에 퇴근을 하는 제도다. 이날은 회식도 금지. 일찍 집에 가서 가족과 함께 지내라는 제도지, 일찍 퇴근해 술 마시라는 제도가 아니기 때문이다. 우리 부서에서는 이 제도를 장려하기 위해 가족과 함께 있는 인증샷을 찍어 보내면 집으로 피자를 한 판 배달해주기도 한다.

삼성패밀리 포털

임직원의 가족이 가입하는 인터넷 사이트다. 삼성의 임직원도 소중하지만, 그들의 가족과 소통하는 것 역시 중요하다고 생각하여 개설되었다. 과중한 업무로 자칫 가족과의 관계가 소홀해질 수 있는 임직원이 가족으로부터 소외되지 않도록, 그리고 가족들 역시 그들의 소중한 남편, 아내, 혹은 자식이나 부모님이 일하는 회사가 어떻게 돌아가는지 정보를 접할 수 있도록 만들어졌다. 이 사이트를 통해 임직원과 그 가족은 주제를 공유하고 대화할 소재가 생겨난다.

가족 초청의 날

5월은 가정의 달이다. 삼성에서도 '패밀리데이'라 하여 디지털 시티를 오픈한다. 임직원의 가족이면 누구든지 사전 접수를 마친 후 단지 내로 들어올 수 있다. 내가 어떤 곳에서 일하는지 가족에게 일터를 보여주고, 또 가족이 나를 자랑스러워할 수 있는 기회를 준다는 점에서 긍정적이다. 특별히 미리 준비된 각종 마술 쇼, 공연 등도 관람할 수 있기에 다채로운 시간을 보낼 수 있다.

동아리/동호회

수원 단지의 공식 명칭은 디지털 시티다. 그러나 외국인들은 처음에 그냥 캠퍼스라고 부르기도 한다. 아마도 대학교와 느낌이 비슷해서일 것이다. 나도 가끔은 이곳이 회사인가, 학교인가 싶기도 하다. 특히 각종 동아리들의 왕성한 활동을 볼 때면 더더욱 그렇게 느껴진다. 사내 동아리 혹은 동호회는 대학교 동아리 활동과 비교해봐도 손색없을 정도로, 오히려 더 수준 높을 정도로 화려하다. 밴드, 힙합, 스포츠댄스, 삼성필하모니 등 그 종류도 다양하다.

휴게실과 공원

디지털 시티 내에는 여러 개의 공원이 조성돼 있다. 서울의 한 외국계 회사에서 근무하다가 이곳으로 옮겨온 한 과장님은 면접 첫날 가장 인상 깊었던 것이 공원이라고 했을 정도로, 정말 좋은 경치를 제공한다. 특히 공원에 있는 원두막에서 시켜먹는 피자는 최고다.

글로벌 푸드 코너

수원 디지털 시티에 근무하는 많은 외국인 근로자는 전부 한식을 먹을까? 아니다. 외국인을 위한 글로벌 푸드 코너가 별도로 마련돼 있어 언제든 다양한 외국 음식을 맛볼 수 있다.

CHAPTER
6

오늘의 삼성을
만든 삼성의
핵심가치

SAMSUNG STORY

01

인재제일
삼성이 인재의 숲을 가꾸는 이유

　　　　　　　회사마다 우선순위로 두는 가치가
있다. 삼성은 핵심 5대 가치를 모두의 행동지침으로 삼는다. 첫 번째
는 '인재제일'이다. 개인이 모여 조직이 되고, 조직이 모여 회사가 된
다. 회사에서는 인재구하기에 사활을 걸 수밖에 없다.

　더불어 인재를 구하는 것만큼이나 인재를 유지하는 것도 중요하다.
애사심이 강해지도록 월급을 많이 주거나, 비전을 제시하는 등 여러
제도를 통해 인재와 함께 가야 한다. 언젠가 언론에서 직원들에게 과
중한 업무를 부여하는 대표적인 회사로 삼성을 언급한 적이 있다. 회
사에서도 이런 점을 인식하여 임직원의 건강을 꼼꼼하게 챙긴다. 불
필요한 야근을 줄이고, 제도적인 여러 장치를 만들었다. 매월 어느
부서가 야근을 가장 많이 했는지 점검하고, 부서별로 정보를 준다.

부서장들은 부서원들 간 업무 배분이 적절하게 이루어졌는지 확인하고, 누구 한 명에게 일이 몰리지 않도록 적절히 조절한다.

매년 1회씩 모든 임직원은 강북 삼성병원에서 건강 검진을 받는다. 간단한 검진부터 정밀 검진까지 작은 병이라도 조기에 발견할 수 있도록 모든 지원을 아끼지 않는다. 기혼자는 배우자까지 함께 검사를 받게끔 배려해준다.

이에 강력하게 추진하는 또 하나의 이슈는 바로 금연이다. 삼성은 작은 것 하나를 하더라도 조직적으로, 체계적으로, 아주 강력하게 추진한다. '똥파리도 삼성에서는 5마리만 모이면 편대 비행을 한다'는 말이 있을 정도다. 그럼, 금연 정책은 어떻게 체계적으로 추진했을까? 인사팀에서는 어떻게 하면 흡연자들이 담배를 수월하게 끊을 수 있을지 고민한 끝에 두 가지 정책을 제시했다. 첫째가 금연 펀드이고, 둘째가 사업장 전체를 금연 구역으로 선포한 것이다.

금연 펀드는 간단히 말해, 회사와 흡연자가 각각 10만 원씩 출자하여 펀드를 만든 다음 3개월 후에 금연에 성공한 사람에게는 20만 원을 주는 방식이다. 실패하면 펀드로 모인 20만 원은 금연 운동에 쓰이거나 자선단체에 기부된다. 강제하지 않고 100퍼센트 자발적으로 참여할 수 있다. 그럼, 담배를 끊었는지 안 끊었는지는 어떻게 확인할 수 있을까? 3개월 뒤에 "저 담배 끊었습니다." 이러면 될까? 아니다. 일정 기간마다 강북 삼성병원에서 혈액을 채취해 분석을 한다. 혈액 속의 니코틴 성분이 감소한 정도를 직접 확인해서 금연의 성공

여부를 판단한다.

'일단 3개월 후에 20만 원을 챙기고, 그런 다음 또 피우면 그만이지 않나?'라고 생각하는 사람들도 있을 것이다. 3개월 동안 금연한 사람은 노력한 것이 아까워서 웬만해서는 다시 피우지 않는다. 회사에서는 금연 약도 제공한다. 흡연 욕구를 감소시키는 약을 주기적으로 임직원에게 제공하여 금연에 성공하도록 끝까지 도와준다. 금연이 임직원의 건강에 좋다는 확신이 있기 때문에 끝까지 추진한다. 술자리에 가면 한 모금 빨고 싶은 생각이 간절하게 나겠지만, 그래서 한 모금 피울 수도 있겠지만 다시 다음 날이면 금연 모드로 돌아온다. 시간이 지날수록 금연에 성공할 확률은 상당히 높아진다.

그럼에도 금연 펀드만으로는 분명 금연 추진에 한계가 있다. 자발적으로 참여한다고는 하나, 매번 이런 제도를 지속할 수도 없는 노릇이다. 그래서 아예 사업장 전체를 금연 구역으로 지정해버렸다. 웬만한 대학 캠퍼스보다 넓은 수원 사업장 전체가 금연 구역으로 바뀌었다.

예전에는 사업장 내 매점 근처에 위치한 흡연 구역에서 수십 명이 모여 담배를 피우는 모습을 자주 볼 수 있었다. 특히 점심시간이면 여기가 공장인지 착각할 정도로 담배연기가 자욱했다. 비흡연자에게는 그야말로 이곳을 지나가는 것이 고역이었다. 그런데 이제는 사업장 전체가 금연 구역으로 지정되었기에 담배연기로 인한 폐해는 사라졌다.

그럼, 담배를 피우려면 어떻게 해야 할까? 무조건 사업장 밖으로 나가야 한다. 짧게는 2~3분에서 길게는 10분을 걸어 나가야 겨우 담배 한 대를 피울 수 있다. 그래서인지 한 번 나가면 두 대를 연속으로 피우고 들어오는 이들이 많아졌다. 또 예전에는 사업장 한가운데 세워진 신식 건물이 인기였는데, 요즘엔 출입문과 가까운 곳에 위치한 사무실이 흡연자들에게 각광을 받는 현상도 생겨났다.

흡연의 가장 큰 문제는 시간이다. 사업장 밖까지 걸어가서 담배를 피우고, 다시 사무실로 돌아오는 데 족히 30분은 걸린다. 오전에 한 번, 점심시간에 한 번, 오후에 한 번 이렇게 세 번 피운다고 가정할 때 최소 1시간은 자리를 비우게 된다. 결코 적지 않은 시간이다. 한창 일하다가 20~30분 자리를 뜬다면 일의 흐름에 크게 방해가 된다. 퇴근시간이 그만큼 늦어지기도 한다.

체력도 문제다. 한여름에는 30도의 무더위를 뚫고 가서 땀을 삐질삐질 흘리며 담배를 피우고는 다시 땀범벅으로 사무실로 돌아온다. 한겨울에는 영하 10도의 추위를 헤치고 가서 손가락을 호호 불어가며 담배를 피운 뒤, 다시 눈보라를 헤치며 사무실로 돌아온다. 가만히 앉아서 일하는 동료들보다 당연히 업무 효율이 떨어질 수밖에 없다.

개인의 가치는 그가 속한 조직의 가치로 대변된다. 특히나 남자들은 자기가 속한 조직을 자신과 동일시하는 경향이 강하다. 누구를 만나 반가운 인사를 주고받을 때도 그가 건네는 명함에 따라 그동안 어떻게 살아왔는지, 어떤 사람인지 추측하곤 한다. 다른 사람과 만나는 자리에서 명함을 주고받을 때마다 나는 참 좋은 회사에서 일하고 있다는 생각을 한다. 삼성의 푸른 명함은 내게 든든한 어깨가 되어준다. 삼성과 함께 내 가치도 높아지는 기분이다.

02
최고지향
인류를 위해 새로운 가치를 창출하는 진정한 리더

세계 최대 브랜드 컨설팅그룹 인터브랜드Interbrand는 매년 각 회사의 브랜드 가치를 측정하여 순위를 매긴다. 2012년 기준으로 글로벌 100대 브랜드 중 삼성은 9위로, 329억 달러의 가치가 있다고 랭크됐다. 1위는 코카콜라였으며 그 뒤로 애플, IBM, 구글이 차례대로 이름을 올렸다. 놀라운 사실은 삼성 아래에 도요타, 벤츠, BMW 등 쟁쟁한 글로벌 기업들이 있었다는 것이다. 이는 끊임없는 혁신을 통해 고객만족을 추구한 결과이고, 전 임직원들의 노력으로 얻어낸 결실이다.

브랜드 가치를 몸소 느끼기는 쉽지 않다. 그러나 출입국 심사가 까다로운 나라에 출장을 가보면 그것을 실감할 수 있다. 출입국센터 직원이 괜한 꼬투리를 잡거나 쓸데없는 질문을 하며 시간을 끌 때, 삼성 로고가 박힌 명함을 내밀며 "I work for Samsung, and came here for business"라고 말하면 바로 통과다. 이럴 때 나는 삼성의 브랜드 파워를 온몸으로 느낀다.

최고지향! 최고가 아니면 안 된다는 노력으로 삼성은 TV 1위, 휴대폰 1위, 반도체 1위 등 각 분야에서 세계 1등 제품을 만들었고, 고객들로부터 인정받고 있다.

혁신 사례를 하나 들면, LCD가 앞뒤로 달린 삼성 카메라를 꼽을 수 있다. 기존 카메라와는 달리 LCD가 전면부에도 달려 있어 셀프 샷이 좀 더 예쁘게 찍히는 제품이다. 생각해보면 별것 아닌 기술이다. 발상만 전환하면 진즉에 등장했을 법도 하다. 그런데 아무도 만들지 않았다. 그렇다면 이 카메라는 어떻게 만들어졌을까?

일단 소비자 조사를 철저하게 하여 고객들이 카메라를 어떻게 활용하는지 완벽하게 분석했다. 언제 어디서 누구를 촬영하는지, 불편한 점은 무엇인지 등등을 살피다보니 카메라로 자신을 찍는 셀프 샷이 점점 늘어나고 있었다. 지금까지는 카메라가 다른 사람을 찍어주기 위한 제품이었지만, 이제는 구매자 본인을 찍는 데도 필요한 제품이 된 것이다. 경쟁사들은 예전처럼 화질이 좋음을 강조했으나 시장 상황은 변했고, 고객은 특별한 기능이 붙은 카메라를 원했다.

그래서 우리는 새로운 카메라를 만들었다. 'Samsung Smart Camera. Enovation makes it easy'라는 문구 아래 전 임직원이 노력했고, 듀얼 LCD 카메라가 탄생했다. 듀얼 LCD는 출시되자마자 각종 전시회와

신문을 통해 알려졌고, 곧 히트상품이 되어 전 세계로 퍼졌다.

여기서 그치지 않고, 콜롬비아대학의 슈미트[Bernd Schmitt] 교수가 삼성 카메라의 혁신성에 관심을 갖기 시작했다. 그는 이것을 비즈니스 성공 사례로 제작해 MBA 과정의 주제로 다루었다. 뿐만 아니라 온라인상에도 자료가 오픈돼 전 세계 많은 학생들이 우리의 성공 노하우를 전수받게 되었다. 학생들에게 "신모델 론칭은 이렇게 하는 거야!"라는 가르침과 함께 자연스레 제품 홍보 효과도 얻었으니, 일석이조 아닌가?

03
변화선도
변화하지 않는 기업은 신화가 아니라 화석이 된다

삼성은 임직원의 건강은 물론이요, 교육 기회까지 철저하게 챙긴다. 하루가 다르게 변하는 경영환경에서 살아남으려면 임직원 개개인이 각 분야의 전문가가 되어야 한다. 그리고 개인의 가치를 극대화하려면 기본 중의 기본을 함께 배우고 또 배워야 한다. 각 분야의 전문 강사를 초빙하여 실무 지식을 익히고, 자기계발법도 공유하고, 부서별 노하우를 타 부서에 전달하다보면 입사 전보다 지식도 늘고, 비즈니스 마인드도 강해진다.

새해가 되면 임직원들은 직접 한해 교육 커리큘럼을 작성한다. 분야별로 세분화한 프로그램으로, 업무를 떠나 하루 종일 혹은 며칠 동안 수업을 듣는다. 아무리 바쁘더라도 분기, 반기 혹은 연 1회 교육프로그램을 이수해야 한다. 온라인 강의도 수시로 이어진다. 프로그램을 듣기 전에 중요한 업무는 미리 마무리하고, 꼭 필요한 업무는 동료에게 인수인계한다. 한걸음 더 나아가기 위한 충전의 시간을 방해하는 것들은 모두 다 두고 가볍게 떠난다.

강의는 대학교수를 비롯해 각 분야 전문가와 사내 전문 강사들이 진행한다. 외국인 강사를 섭외하여 2~3일 간 영어 강의를 진행하는 경우도 있고, 이론에 실제 사례를 접목시켜 강의를 하기도 한다. 실제로 내가 들었던 마케팅 강의에서는 삼성에서 성공한 제품의 비즈니스 사례를 분석하여 자유롭게 의견을 나누게 했다. 강의는 실제 MBA에서 진행하는 사례분석 수업과 비교해도 절대 뒤지지 않을 정도로 수준이 높다. 비즈니스 사례 주인공들이 직접 수업에 참여하기도 한다. 예를 들면 삼성 TV를 세계 1위로 견인한 보르도 TV 사례분석 시간에는 TV사업부에서 직접 나와 비하인드 스토리나 겉으로 드러나지 않았던 핵심 성공요인을 들려주었다. 다른 곳에서 듣는 사례분석, 경영전략 강의보다 훨씬 효율적이다.

강의실에 들어가면 끝날 때까지 대학생으로 돌아간 기분이다. 어깨를 짓누르던 업무를 잠시 내려놓고 새로운 것을 배운다는 느낌 때문이리라. 사실 매일 반복되는 업무에 치이다보면 지식이나 노하우, 기술 등을 쓰기만 할 뿐 새로 채우지는 못한다. 거의 모든 직장인들이 그렇게 살고 있다. 때때로 그간 프로젝트에 쏟았던 열정이 다 어디로 갔는지, 공허함을 어떻게 채워야 하는지, 그냥 이대로 나이만 먹는 건 아닌지 허탈해하면서 말이다.

교육은 그런 점에서 직장인에게 힘을 준다. 회사에서 새로운 것을 채워줄 테니 걱정 말고 자신의 실력을 마음껏 발휘하라고 북돋워주는 것 같다. 자신뿐 아니라 회사의 가치까지 함께 높여주는 교육이야말로 직장인에게 꼭 필요한 제도다.

삼성을 변화시킨 힘은 여기에 있다. 지치고 나태해질 즈음이면 임직원들은 새로운 교육으로 신선한 첨단지식을 흡수한다. 지식은 변화를 돕는 활력소가 되어 조직에 새로움을 선사한다. 부서원 한 명이 받은 교육 내용은 식사시간이든, 휴식시간이든, 회식자리든, 어떻게든 부서원들과 공유된다. 정보를 자주 접하게 되면 생각이 바뀌고, 변화는 거기에서 시작된다.

전자제품 시장은 빠르게 변한다. 하루가 다르게 기술이 발전하고 새로운 디자인이 나오기 때문에 오늘의 첨단제품이 내일은 중고 시장에 돌아다닐 수도 있다. 작은 성공에 잠시 안주하는 순간 아무도 모르는 역사의 뒤안길로 쓸쓸히 사라질 수도 있다. 옛 전자업계의 왕좌를 차지했던 일본 업체들이 오늘날 위기를 겪는 것도 어찌 보면 변화와 혁신에 소홀했기 때문은 아닐까. 반면 어제의 도전자였던 삼성은 변화와 혁신을 넘어 변신을 추구하기에 오늘날의 성과를 이룬 것은 아닐까. TV로 시작한 작은 사업이 냉장고, 세탁기를 거쳐 반도체와 휴대폰에 이르기까지 끊임없이 진화할 수 있었던 까닭은 어떤 상황에서도 이뤄졌던 교육과 그 내용을 성실하게 실행해준 선배들 덕분일 것이다.

04
정도경영
대낮을 부끄러움 없이 견뎌낼 수 있는 일을 하라

몇 해 전 삼성은 검찰로비 사건으로 인해 사회적 지탄을 받았다. 그 이후 삼성은 뼈를 깎는 듯한 아픔을 감수하며 내부 개혁을 추진했다. 내부 감사를 확대하여 조금의 부정이라도 용서하지 않는 기강을 확립했고, 임직원들도 부정에 대해서는 극도로 민감할 만큼 교육도 강화했다. 요즘도 부정부패 방지 관련 온라인 교육 대상으로 선정되었다는 메일이 수시로 날아온다.

기업의 사회적 책임CSR-Corporate Social Responsibility으로 범위를 확대해보면, 삼성이 잘하고 있는 부분도 많다. 기업의 사회적 책임이란 기업이 이윤 추구 활동 이외에 법령과 윤리를 준수하고, 기업의 이해관계자 요구에 적절히 대응함으로써 사회에 긍정적 영향을 미치는 책임 있는 활동을 말한다. 사회적 책임은 자선적 책임만을 의미하는 것은 아니다. 소극적 의미에서는 경제적 책임, 법적 책임에서부터 보다 적극적 의미로는 윤리적 책임, 자선적 책임으로 확대할 수 있다.

기업은 누가 뭐래도 이윤을 창출하고, 일자리를 만드는 것이 최우선이다. 그래야 취업난도 해소되고, 소비자도 더 나은 제품을 구매할 수 있다. 기업은 자선단체가 아니다. 치열한 전투 현장에서 경쟁사를 물리치고 살아남는 길이 최소한의 사회적 책임을 다하는 방법이다. 그 과정에서 법이 허용하는 테두리 내에 위치해야 하는 것은 당연하다. 기업의 이해관계자는 일반적으로 주주와 고객, 임직원으로 한정되던 과거와는 달리 정부, 지역사회는 물론이고 미래 세대까지 아우른다. 이 모두를 만족시키기 위해서는 윤리적 책임과 자선적 책임에 대한 부분도 신경을 써야 한다.

삼성에서는 그룹 차원에서 윤리적 책임과 자선적 책임에도 최선을 다하고 있다. 국내외 소비자들로부터 받은 사랑을 다시 사회에 돌려주어 함께 잘 사는 사회를 만들자는 것이 그 취지다. 삼성그룹 홈페이지www.samsung.co.kr에 들어가면 상단 '나눔' 탭에 사회공헌에 관한 내용이 나온다.

여기 보면, 34개소의 삼성 어린이집과 방과 후 교육 프로그램인 드림 클래스 운영, 장학금 지원 등 저소득층을 위한 다양한 교육 지원 사업을 벌이고 있다. 문화예술 사업을 지원하고, 시각장애인을 위한 안내견 기증 등 사회공헌 활동도 빼놓을 수 없다. 삼성미소금융재단 www.samsungmiso.or.kr에서는 소자본 창업을 지원하기도 한다.

한번은 사내 홈페이지에 아프리카 자원봉사자 모집 공고가 떴다. 평소 자원봉사에 관심 있는 임직원들을 모아 아프리카 저개발국에 가서 집도 짓고, 교육도 하고, 태권도도 가르치고, 마음도 나누는 프로그램이었다. 항공료부터 체제 비용은 모두 회사에서 부담하는 조건이었지만, 참가자들은 여름휴가를 반납해야 했다. 그런데도 경쟁률이 상당했다. 나도 지원했지만 치열한 경쟁 탓에 고배를 마실 수밖에 없었다. 해외 봉사뿐 아니라 국내 봉사 활동에도 열심이다. 각 사업부별로 인근 지역의 여러 단체와 자매결연을 맺고 상시 활동을 하는 프로그램을 운영하고 있다.

이 같은 활동에도 불구하고 여전히 삼성을 불신하는 시선도 남아 있음을 안다. 하지만 기업의 사회적 책임을 생각하는 삼성의 노력은 멈추지 않으리라 확신한다.

05
상생추구
같이 살 수 없다면 누구도 살 수 없다

임직원이 만족하지 않으면 고객도 만족하지 않는다. 그렇다면 임직원은 어떤 경우에 가장 만족할까? 대개 누군가가 자신을 인정해줄 때라고 말한다. 인정받는 정도는 흔히 월급 액수로 판단된다. 만져보지도, 느껴볼 새도 없이 통장에서 빠져나가고 없는 월급, 모든 월급쟁이들은 매달 찰나의 순간을 경험한다. 이런 아쉬움을 달래고 회사 이익도 공유하기 위해 삼성은 성과인센티브, 목표인센티브 제도를 운영하고 있다.

이러한 제도를 통해 회사는 이익의 일정 부분을 임직원에게 돌려준다. 목표 인센티브는 상·하반기로 나뉘어 지급되고, 성과 인센티브는 1년에 한 번 지급된다. 1년 중 삼성인들이 가장 손꼽아 기다리는 달은 2월이다. 매년 연말 사업부별로 목표 달성에 대한 성과를 측정하고, 2월이 되면 목표를 초과 달성한 사업부의 임직원을 대상으로 초과 이익금을 나눠준다. 최대 연봉의 50퍼센트까지 주어지기에 엄청난 금액을 받을 수도 있다. 물론 모두가 같은 금액을 받는 것은 아니고 해당 사업부가 얼마나 잘했는가에 따라 차등 지급된다. 이때 신입사원도 성과급을 받는다. 꽤 큰 금액의 추가 보너스, 아니 연봉을 두 번 받는 셈이므로 회사에 대한 충성심이 마구 솟아나지 않을까? 회사가 잘되면 임직원도 잘될 수 있다는 것을 보여주는 대표적인 제도다.

삼성은 임직원뿐 아니라 다른 협력업체들과도 상생을 추구한다. 전자제품이 탄생하기까지 많은 업체들과 협업이 이루어진다. 제품 디자인을 마치면 각 부품을 구매하고, 제품 소개 영상과 소개 자료를 만들고, 주요 언어로 번역을 한다. 이 모든 일련의 과정들이 업체들과의 협업을 통해 완성된다.

마케팅 업무를 진행하는 경우, 업체들이 제공하는 서비스 가격을 얼마까지 조절하는 것이 적절한가를 판단해야 할 때가 생긴다. 이 순간이 가장 애매하다. 비용 절감을 위해 무턱대고 깎을 수도 없는 노릇이고, 원하는 대로 정산해줄 수도 없다. 이런 애매한 상황을 단숨에 정리하는 것이 바로 단가표다. 단가표에 나와 있는 대로 정산하면 아무 문제도 없다.

한번 협업해본 업체와는 다음에도 수월하게 작업할 수 있다. 서로의 업무 스타일을 잘 알기 때문이다. 당연히 업무 효율성도 높아지고 진행속도도 빨라진다. 삼성 입장에서도 함께하는 업체들이 지속적으로 성장해야 더 좋은 제품을 만들 수 있다. 협력업체들을 제대로 관리하면 고객들은 더 좋은 제품을 쓸 수 있고, 삼성은 물건을 더 많이 팔 수 있고, 업체들은 더 큰 수익을 낼 수 있는 아름다운 상생을 이룰 수 있다.

CHAPTER

7

글로벌 삼성,
삼성 속의
글로벌 인재들

SAMSUNG STORY

01
거족거이^{트푠트퓨}

'큰 발과 큰 귀'라는 뜻의 거족거이
트푠트퓨는 삼성SDI 박상진 사장이 본인의 인생과 경험에 대한 성찰을
바탕으로 만들어낸 한자어다. 많은 곳을 돌아다니고 많은 것을 듣는
것이 성공으로 가는 길이라는 의미인데, 삼성전자 카메라 사업부를
담당하던 시절에 임직원들에게 수시로 강조한 말이었다. 삼성전자가
글로벌 회사인 만큼 해외 시장에 많이, 자주 나가서 거래선도 만나고
고객도 만나며 우리의 고객이 어떤 제품을 원하는지, 어떻게 마케팅
을 해야 그들의 마음을 얻을 수 있는지에 대해 잘 새겨들으라는 의미
였다.

해외출장은 그 단어만으로도 사회 초년생들의 마음을 설레게 한
다. 나도 그랬다. 입사 후 해외라는 말에 끌려 무조건 해외영업 부서

에 배치되기를 희망했다. 부서 배치 후에도 업무보다는 첫 출장이 언제일까에 대한 관심이 더 컸다. 물론 그것은 출장과 여행을 구분하지 못했던 시절의 이야기다. 지금은 해외출장의 부담감이 상상 이상으로 크다.

삼성 카메라의 마케팅팀 소속으로서 가장 중요한 업무는 해외영업을 지원하는 일이다. 주업무를 보면, 제품이 나오기 전에는 그 제품이 가진 장점을 고객에게 가장 잘 어필할 수 있는 자료를 만들어 해외 각 시장에 보낸다. 제품이 론칭된 뒤에는 주요 거점 국가를 방문해 그곳 직원들에게 제품의 특장점을 간단히 교육시키고, 거래선을 만나 제품을 소개한다. 이 과정이 순조롭게 진행되어 현지 바이어들의 호응을 이끌어낸다면 영업사원들의 수주에 도움이 될뿐더러 매출도 증가한다. 이는 술이 오가는 영업이 아니라, 제품에 대한 상호 확신을 바탕으로 한 수준 높은 영업 활동이다.

이때 무엇보다 중요한 것은 출장을 준비하는 과정이다. 현지인들 앞에서 당황하지 않고 제품을 설명하기 위해서는 누구보다 제품을 잘 알아야 한다. 상대방(해외 거래선 혹은 현지 삼성직원)도 카메라에 대해서는 전문가이므로 질문 내용이 상당히 까다롭고 어렵다. 어설프게 대답하거나 대충 얼버무리다가는 그 자리에서 망신당하기 십상이다. 더욱이 그 순간부터 내 말의 신뢰도는 뚝 떨어진다.

따라서 해외출장이 결정되었을 때는 마치 수능시험을 보는 것처럼 완벽하고 꼼꼼하게 준비해야 한다. 해당 국가의 시장 규모와 고객 성향, 향후 중점 추진 전략은 기본 중의 기본이고 그 나라의 GDP(국내총생산), 역사, 유명 스포츠 스타 등에 대해서도 알고 가는 것이 좋다. 아는 만큼 보인다고 하지 않던가? 딱 미리 준비해가는 만큼 보인다. 유명한 시계탑을 보더라도 이것이 그냥 탑인지, 빅밴^{Big Ben}인지 알고 가는 것과 모르고 가는 것은 천지 차이다.

출장 전에는 업무가 몰리는 경우가 많은데. 특히 출장 전 일주일은 야근의 연속이다. 우선 출장 목적을 달성하기 위한 전략을 완성해야 한다. 일주일간 자리를 비울 동안 업무 공백이 생기지 않도록 급한 업무는 기한을 일주일 앞당겨 완성하고, 불가능할 경우 대리 업무자에게 인수인계를 한다. 그리고 항공권과 비자 확인은 필수다. 호텔 예약, 교통편은 물론이고 같이 가는 상사의 일정도 확인하여 모든 행사가 빈틈없이 돌아갈 수 있도록 챙겨야 한다. 더불어 현지에서 마케팅에 활용할 물품들(예를 들어 제품 홍보 스티커, 매장 전시에 활용할 소형 스탠드, 동영상 파일 등)을 챙기다보면 한두 박스는 기본으로 나온다. 신제품 정보가 가득 담긴 업무용 노트북을 사무실 밖으로 가지고 나가려면 반드시 결재를 받아야 한다. 이 모든 일들이 결코 만만치 않다. 참, 마지막으로 꼭 챙길 것은 주재원에게 줄 한국 용품이다. 김치, 라면, 책(베스트셀러) 등은 여전히 주재원에게 가장 사랑받는 선물이다.

이 모든 일을 혼자 하는 것도 아니다. 현지인과 그곳 시차에 맞춰 커뮤니케이션해야 하는 일들도 많다. 이래저래 야근할 수밖에 없는데, 심지어 떠나기 전날 밤에 출장 가방을 싸느라 집에서 나 홀로 야근을 하기도 한다.

문화를 알고 가면 현지인들과의 업무가 훨씬 수월하다. 또 '안녕하세요', '감사합니다'와 같은 간단한 언어 정도는 수첩에 적어가는 시늉이라도 하는 것이 좋다. 거래선과의 미팅에서 효과를 발휘한다. 특히 여러 사람들 앞에서 프레젠테이션을 할 경우에는 그 나라 말로 인사말을 건네면 호감이 급상승하는 걸 느끼게 된다. 일반적으로 청중은 '발표자가 어떤 이야기로 말문을 열까, 무슨 얘기를 할까? 무조건 자기네 회사 제품이 좋다고 강조하지나 않을까?' 하는 기대와 걱정을 한다. 발표자 역시 '이들의 반응이 호감일까, 적대감일까? 내 말이 잘 이해되고 있을까? 발표 도중에 영어가 꼬이면 어떻게 하지?' 하는 두려움을 갖는다. 발표가 시작되기도 전에 둘 사이엔 팽팽한 긴장감이 맴돈다. 그때 어설프더라도 현지어로 "안녕하세요?"라고 한다면 상황은 달라진다. 금세 화기애애한 분위기로 바뀐다. 좋은 시작만으로도 이미 절반은 먹고 들어간다고 볼 수 있다.

출장일이 다가올수록 더 바빠지므로 해당 지역에 대한 조사를 따로 할 시간이 없다. 평소에 관심을 갖고 미리 해두는 게 최선이다. 똑같은 일주일을 갔다 와도 누구는 호텔과 사무실을 오가며 죽어라 일만 하는가 하면, 누구는 미리 준비해간 지식을 활용해서 호텔 직원들과 대화도 나누고 그 나라만의 독특한 분위기까지 느끼고 돌아온다. 영화《김종욱 찾기》에 보면 여자 주인공이 "인도 공기의 냄새까지도 생생하게 다 느껴진다"라고 하는 장면이 있다. 동감한다. 이제까지의 출장을 돌이켜보면 매번 그 지역만의 독특한 분위기가 있었다. 심지어 그 나라의, 그 도시의, 그 거리의 공기 냄새까지 지금도 생생하게 느껴질 정도다.

2009년, 우크라이나에 출장을 간 적이 있었다. 신제품 듀얼 LCD카메라 론칭에 맞추어 현지 전략을 짜기 위한 출장이었는데, 출장준비 자제만으로도 버거워서 현지 사정을 전혀 모른 채 비행기에 올랐다. 그곳에서 만난 주재원 부장님이 물으셨다. "승표는 우크라이나에 대해 알고 있는 게 뭐 있어?" 나는 너무도 태연하게 "저요? 잘 모르죠"라고 대답했다가 꾸지람을 들었다. 무식하고 용감한 것이 가장 무섭다고 했던가. 정말 지금 생각해보면 부끄럽기 그지없다. 나의 용감무식한 답변에 충격을 받은 부장님은 친절하게도 몇 가지 상식적인 것을 설명해주셨다. 그리고 주말을 이용해 현지인에게 특별히 부탁하여 시내 중심가도 구경시켜주셨다. 그 덕분에 지금도 우크라이나에 대한 애정이 있다.

그간 수십 차례의 해외출장을 다니며 피부로 느낀 점은 크게 두 가지다. 우선 강한 체력이 필요하다는 것과 출장을 마치고 돌아올 때는 무언가 성과를 가지고 와야 한다는 것이다. 이러한 부담에도 불구하고 해외출장에는 새로운 사람을 만날 수 있다는 기대감과 잠시나마 한국을 떠나 새로운 문화를 접할 수 있다는 호기심, 그리고 무언가 회사에 도움이 되는 큰일을 해내고 있다는 즐거움이 있다.

학창 시절, 교환학생으로 잠시 중국에 있을 때 짬을 내어 친구들과 여행을 다녀온 적이 있다. 돈이 별로 없을 때라 변변한 호텔도 못 가 봤고, 맛있는 음식도 즐기지 못했다. 늘 싸고 양이 많은 음식을 골라 먹었다. 그래서 여행 내내 피곤하고, 체력이 달렸다. 반면 직장인이 되어서 간 해외에서는 멀끔하고 편안한 컨디션을 유지했다. 먹고 자는 것만큼은 회사에서 최상의 배려를 해주었기 때문이다. 회삿돈으로 비행기도 타고 좋은 호텔에서도 묵으니, 가끔은 개인 여행보다는 회사 출장이 더 좋은 것 같기도 하다. 출장 기간 내에 주어진 업무를 완벽히 마무리한다면 잠시 시간을 내어 호텔 근처를 산책할 수도 있고, 사무실 근처에 위치한 시내도 구경할 수 있다. 해외에 있는 대부분의 삼성전자 사무실은 시내 중심가에 있어 해외 명소나 여행 필수 코스와 가까운 거리에 있다. 마음만 먹으면 업무 외적인 즐거움도 한가득 얻을 수 있는 것이다.

'백문이 불여일견, 백견이 불여일행百聞不如一見, 百見不如一行'이라고 했다. 미국, 유럽 등등 몇몇 나라만 다니는 것이 아니라 남미, 아프리카 등등 지구 반대편 끝까지 경험할 수 있는 기회를 주니, 회사야말로 더없이 좋은 학교다. 세계 곳곳에 퍼져 있는 사무실이 마치 내 교실처럼 느껴진다.

❖ 해외업무 에피소드

해외업무를 진행하면서 경험한 여러 가지 에피소드가 있다. 그중 몇 가지 기억나는 것은, 우선 중동 국가의 휴일에 대한 내용이다. 중동 국가의 문화는 서방 국가와 많이 다르다. 우리가 토요일, 일요일에 휴무인 것과는 달리 그들은 목요일과 금요일이 휴무다. 참, 애매한 휴무 제도다. 그들 입장에서는 아무 문제가 없지만, 한국과 중동을 오가는 입장에서는 자칫 잘못하면 2주일 동안 휴무 없이 보낼 수도 있기 때문이다.

한국에서 금요일에 출발하면 현지에는 토요일에 도착한다. 한국에서라면 주말의 여유를 즐길 시간이겠지만, 중동에서는 일주일이 활기차게 시작되는 요일이다. 그곳에서 5일간의 업무를 마치면 목요일, 그때부터는 본사 업무가 시작된다. 거의 2주일 동안 풀타임으로 일하는 셈이다.

한번은 해외 각 국가별로 행사 참석자를 조사하는 일이 있었다. 기획 시절, 자료 취합에는 일가견이 있던 나로서는 "훗, 행사 참석자 취합은 별거 아니지"라고 생각하며 현지로 메일을 보냈다. 수요일 저녁에 메일을 보내면 금요일까지는 충분히 자료를 받을 수 있겠지, 하는 생각과 함께.

수요일 밤, 집에서 편히 쉬고 있는데 느닷없이 해외로부터 전화가 한 통 왔다. 평소 친분이 있던 과장님인데 몹시 격앙돼 있었다.

"조승표! 중동은 목요일이 휴일인 거 몰라? 수요일에 보내놓고 금요일까지 달라는 건 나보고 쉬지 말라는 말이야?"

그제야 알았다. 중동에는 목요일이 주말의 시작이라는 것을. 그 상식적인 내용을 몰랐던 내 실수다. 기분 좋은 금요일 밤에 웬 벼락인가 했겠다. 이제라도 제대로 된 사과를 드린다.

"과장님~, 죄송합니다!"

02
회사에도
엄친아는 있다

엄마 친구 아들, 딸들은 왜 다들 공부도 잘하고 인물도 준수하고 성격도 좋은지, 일명 엄친아, 엄친딸 때문에 스트레스 받았다는 사람이 한둘이 아니다. 회사에도 엄친아, 엄친딸이 있다. 그들의 공통점은 회사생활을 아주 잘한다는 것이다.

학교 다닐 때 공부 잘하던 애들, 선생님에게 예쁨 받던 애들, 친구 사이에서 리더십을 발휘하던 애들을 보면 회사생활을 잘하는 사람에 대한 힌트를 얻을 수 있다. 그들의 주요 특징 중 하나는 수업시간에 발표를 잘한다는 것이다. 이런 친구들은 본인이 조금이라도 알고 있다면 눈치 보거나 틀릴 것에 대한 두려움 없이 손을 번쩍 들고 발표를 한다. 혹여 모르는 것이 있더라도 위축되지 않고 적극적인 자세로 달려들어 기어이 알아내고야 만다. 이렇게 알게 된 지식은 죽을 때까지 머릿속에 명확하게 각인돼 있다.

이런 친구가 있으면 반 분위기가 밝고 긍정적으로 변한다. 늘 자신에 찬 목소리로 선생님과 의사소통을 하면서 긍정적 피드백을 주므로 수업 역시 원활하게 진행된다. 자연히 다른 학생들도 수업에 집중하게 만든다. 이런 학생을 예뻐하지 않을 선생님은 아무도 없을 것이다.

그럼, 회사에서는 어떤 사람이 상사로부터 예쁨을 받을까? 학교에서와 마찬가지로 회사에서도 적극적이고 자신감 넘치는 사람이 엄친아 대열에 낀다. 원활한 커뮤니케이션은 본인과 상사 간에 생길 수 있는 사소한 오해를 불식시키고, 두 사람을 긍정적인 관계로 발전시켜준다. 당연히 상사가 예뻐하는 직원 명단에 이름을 올릴 수 있다.

우리 부서는 20명 정도로 구성돼 있는데, 부서 전체 회의는 물론이고 삼삼오오 모여서 회의를 하는 경우가 정말 많다. 자주 반복되는 일상이고, 여러 번 겪어왔던 일들을 다시 하는 것이라 회의는 자칫 무미건조한 방향으로 흐르기 쉽다. 대개 부장님은 부서원들에게 업무 분담을 해주고, 부서원들은 새 업무를 받아서 진행하는 상명하달ㄴ 命下達식 구조가 된다. 이때 부서원들이 서로 눈치만 보며 새로운 업무를 받지 않으려 하면, 업무 분담이 원활하게 되지 않는다. 회의 역시 애매하게 끝나버린다.

그런데 김 대리가 참석하는 회의는 분위기부터 다르고 결론도 명확하게 난다. 똑똑하고 말 잘하고 재치 넘치는 김 대리가 함께하면 희한하게도 부장님과 부서원 모두가 원원하는 방법이 나오는 것이다. 왜일까?

옆에서 지켜본 결과, 우선 김 대리는 똑똑하다. 서울대에 들어갔다가 과가 적성에 맞지 않아서 중퇴하고 다시 유명 대학의 광고홍보학과에 진학할 만큼 머리도 좋고 심지도 굳다. 그래서 그는 문제에 봉착했을 때 기존의 낡은 방식, 해오던 방식이 아닌 뭔가 혁신적인 해결책을 제시한다. 그의 해결책 앞에서는 저절로 고개가 끄덕여진다.

또한 김 대리는 삶을 바라보는 자세가 긍정적이다. 그러다보니 힘들고 짜증나는 상황에서도 간단히 재치와 유머로 승화시킨다. 힘든 상황에서 짜증을 내는 사람은 그저 그런 보통의 직장인에 머문다. 반면 그런 상황에서도 다른 사람에게 힘을 주는 사람이 있다면 모두의 지지를 받을 수 있는 것이다.

김 대리는 아무리 힘든 일이 있어도 "요즘 같은 청년실업 100만 시대에 다닐 회사가 있다는 게 얼마나 행복한 겁니까? 더욱이 모두가 인정해주는 좋은 회사에 다니는데 불평은 사치죠. 게다가 우리 회사는 여름에 온풍기 틀어주고, 겨울에 에어컨 틀어주잖아요?"라고 농담하며 주변 사람들에게 힘을 준다.

회의시간에 괜히 한마디 잘못 꺼냈다가 혹시라도 그 일을 떠맡게 될까봐 다들 쉬쉬하는 분위기에서 김 대리는 기꺼이 마당쇠를 자청해 어려운 일을 맡는다. 이런 상황에서 끝까지 모른 척 뒷짐지고 있을 사람은 없다. 주도적으로 회의를 진행하고, 문제의 본질에 다가서

고, 모두가 수긍할 만한 결론을 제안하는 김 대리. 정말 질투가 날 만큼 멋있고, 스승으로 모시고 싶을 만큼 좋다. 생각해보라. 이런 엄친아를 좋아하지 않을 상사가 어디 있겠는가?

하지만 삼성에는 김 대리보다도 똑똑하고 잘난 엄친아, 엄친딸들이 곳곳에 있다. 대한민국 내로라하는 인재들이 모이는 곳 아닌가? 어찌나 잘하는 게 많고 아는 게 많은지, 심지어 같이 일하는 것만으로도 황송하게 느껴지는 사람도 있다. 이제부터 나는 내가 아는 가장 멋지고, 예쁘고, 부러운 사람들만 소개하려 한다.

03

삼성에서
꿈을 이루다

내가 정말 좋아하는 후배가 있다. 앞에서도 말한 김 대리다. 남들은 대학을 졸업할 때까지, 혹은 회사에 입사한 뒤에도 자신이 원하는 것을 찾지 못하고 방황하는 경우가 많은데 그는 스무 살부터 꿈이 확실했다. 이것 하나만으로도 될성부른 나무였다.

그는 지금 본인의 희망대로 마케팅 부서에서 일하고 있다. 한때는 전시의 달인이라고 불리며, 카메라와 관련된 모든 전시를 도맡아 진행한 적도 있다. 좋아하는 일을 할 때 사람의 능력은 극대화된다. 지금은 안드로이드 기능을 탑재한 카메라 론칭에 전력을 다하고 있다.

여행을 떠나기 전에 꼭 준비하는 것이 있다. 바로 카메라다. 여행자에게 카메라는 없어서는 안 될 동반자다. 이들은 여행지의 추억을

담은 사진을 자신의 트위터나 페이스북, 블로그 등에 올리곤 하는데, 소셜 네트워크 서비스SNS를 타고 이 사진들은 실시간으로 지인들에게 전달된다. 그런데 요즘 추세는 디지털 카메라보다는 카메라 기능이 탑재된 휴대폰인 것 같다. 아무래도 디지털 카메라는 사진을 컴퓨터 등에 옮겨야 하는 번거로움이 따르기 때문에 찍어서 바로 전송할 수 있는 휴대폰이 인기 있나보다.

그러나 디지털 카메라와 휴대폰은 하늘과 땅만큼 화질이 다르다. 특히 구조적인 부분에서 차이가 나기에 아무리 화소가 높은 스마트폰이라도 정식 카메라로 찍은 사진을 따라잡기가 어렵다. 그럼에도 고객은 편의성 등의 이유로 휴대폰 카메라를 더 선호하고 있다. 지금 그가 신제품 론칭에서 고전하고 있는 이유이기도 하다.

그가 담당하고 있는 안드로이드 운영 체제가 탑재된 카메라는 휴대폰처럼 사진을 찍어 바로 트위터나 페이스북 등 SNS에 업로드할 수 있다. 더불어 게임을 비롯해 다양한 어플리케이션을 다운받아 여행지에서 즐거운 시간을 보낼 수도 있다. 비록 아직은 고객의 시선을 사로잡지 못하고 있지만 믿음직한 후배가 프로젝트를 맡은 이상 조만간 세상에 이 제품이 널리 알려질 거라 생각한다. 그의 능력을 믿는다.

04
업무 능력에
탁월한 예술적 감각까지

그는 나의 입사 동기다. 185센티미터의 키에 작은 얼굴, 팔등신 황금 비율을 자랑하는 그는 얼굴도 잘생겼다. 거기에 실력도 갖췄다. 학부 시절 그는 컴퓨터공학, 경영학, 디자인까지 세 분야를 전공했다. 그 세 분야를 다 공부하기가 쉽지 않은 일이기에 셋 다 대충 아는 정도이지 않을까 의심하는 사람들도 있을 것이다. 그런데 그는 세 분야 모두 확실하게 잘한다.

디자인 실력도 뛰어나고 색에 대한 감각도 있어서 이 친구가 한번 보고서를 만들었다 하면 내용은 둘째치더라도 디자인에 모두 반한다. 보기 좋은 떡이 먹기도 좋다고, 잘 만들어진 보고서는 같은 내용이라도 좋은 평가를 받는다. 이 친구가 신입사원 때 만든 파워포인트 PPT 파일은 몇 외부 전문가에게 백만 원을 주고 제작한 것처럼 뛰어난데, 단순하면서도 고급스러워 많은 이들이 즐겨 쓰는 템플릿이 되었다.

학창 시절에는 컴퓨터 전공을 살려 인터넷 사이트를 제작, 운영하며 돈도 꽤 벌었다고 한다. 마케팅에 관한 열정도 대단하고, 머릿속은 온통 아이디어로 가득 차 있다. 매사를 호기심 가득한 마음으로 바라보니 창의력이 넘치나보다.

게다가 이 친구는 피아노도 잘 친다. 예전에 그의 자취방에 놀러간 적이 있는데 단출한 살림 가운데 유독 검은색 키보드가 눈에 띄었다. 그는 심심할 때면 키보드로 연주를 하고 종종 피아노도 친다고 했다. 프러포즈를 할 때도 본인이 직접 피아노를 연주해 여자친구를 감동시켰다고 했다. 진정 음악을 즐길 줄 아는 사람이다.

만약 누군가 내게 이 친구와 바꾸고 싶은 것이 있냐고 물으면 '키'라고 대답할 것이다. 그 다음은 탁월한 예술적 감각이다. 그 예체능적 감각 덕분에 아이디어가 퐁퐁 솟아나는 것 같다.

🔷 삼성 제품을 마케팅 하는 즐거움

삼성인들의 업무는 천차만별이다. 하루 종일 사진을 찍고 품질 테스트를 하는 사람이 있는가 하면, 지루한 회계 데이터만 들여다보는 사람도 있다. 또 물류 배송만 신경 쓰는 사람이 있는가 하면, 각종 보고서만 만드는 사람도 있다. 각 분야별로 자부심이 크겠지만, 나는 그중에서도 업무의 꽃은 '영업 마케팅'이라 생각한다.

마케팅 부서 시절, 주변 사람들이 간혹 이런 말을 했다.

"좋겠다. 회사에서 유일하게 창의적으로 일하는 부서에 있어서!"

마케팅 부서는 창의력이 중요하다. 상상도 못한 방법으로 고객에게 어필할 수도 있고, 전혀 다른 방법으로 제품을 광고할 수도 있다. 돈 한 푼 안 들이고 최고의 광고 효과를 내는 방법이 무엇일까 고민도 하고, 이번엔 마음먹고 투자해보자고 부서장을 설득하기도 한다. 그러나 그 바탕에는 기획/전략적 마인드가 철저하게 있어야 한다. 광고 내용이 좋다고 해서 저절로 광고가 텔레비전에 나오는 것은 아니다. 어떤 매체에, 언제 몇 달간 노출을 할지 수개월 전에 협의를 해야 하며, 어느 나라에 집중적으로 소구할 것인지 등등을 전략적으로 접근할 줄 알아야 한다.

"남아공월드컵 기간에는 스포츠 뉴스의 광고비가 비싼데 무슨 다른 방법이 없을까?"

"스포츠 뉴스에 PPL(간접광고)을 해보는 건 어떨까?"

"미국은 축구가 비인기 종목이니 유럽과 아프리카에만 집중해보자."

"TV 말고 인터넷에는 어떻게 광고를 하는 게 효율적일까?"

등등 창의적이고도 전략적인 접근을 얼마든지 할 수 있는 곳이 바로 마케팅 부서다.

삼성의 마케터만이 누릴 수 있는 또 하나의 특권은 아무도 가지 않은 길을 개척할 수 있다는 것이다. 마치 이른 새벽에 아무도 다녀간 적 없는 눈 내린 운동장을 걸어가는 기분이랄까? 삼성 TV 마케터의 경우, 삼성 TV의 역사를 새로 쓸 수 있는 기회를 가졌을 뿐 아니라 대한민국 TV산업의 역사에 기여할 수 있는 기회를 갖게 되는 것이다. 본인이 만든 광고시안을 전 세계인들이 본다고 생각하면 얼마나 뿌듯할까? 나 역시 내가 만든 카메라 광고시안이 해외출장지에 떡하니 걸려 있는 것을 본 순간 희열을 느꼈다.

그럼, 영업 부서는 어떤 특징을 갖고 있을까? 우스갯소리로, "천재는 필요 없다. 농업적 근면성만 있으면 누구나 영업을 할 수 있다"라고 한다. 성실과 근면이 가장 중요한 덕목이라는 의미다. 창의력을 동반한 근면성이라면 생각지도 못한 방식으로 영업을 해서 아웃라이어(보통 사람들을 넘어서는 성공을 거둔 사람)급 실적을 올릴 수 있다.

영업사원이 창의력을 극대화할 수 있는 방법은 무엇이 있을까? 본인이 맡은 나라의 총괄 사장이라고 생각하면 된다. 단순한 생각의 전환이지만 그렇게 생각하는 순간부터 이전에는 상상도 못한 아이디어가 샘솟는다. 실제로 몇몇 선배들은 한 나라의 카메라산업을 좌우하는 중요한 역할을 하기도 한다. 간혹 현지에서 개최되는 각종 행사에 참여하거나 현지 신문에 실리는 경우도 있다. 생각할수록 정말 매력 있는 직군이다. 단, 매출만 나온다면! 그러나 매출은 어차피 영업사원이면 피할 수 없는 숙명이니 굳이 피하려 하지 말고 즐길 줄 알아야 한다.

영업사원 중에는 수년째 한두 나라만 담당하는 사람들도 있다. 10년간 한 나라의 카메라산업에 집중한다면, 국내에서는 누구보다 해당 국가를 잘 아는 전문가로 인정받게 된다. 다른 누가 그보다 현지의 유통과 상거래 관행, 고객 성향에 대해 더 잘 알 수 있겠는가? 아마도 스카우트 제의가 넘치고, 몸값도 치솟을 것이다.

중국 전문가를 꿈꾸던 신입사원 시절, 입사 후 가장 먼저 방문했던 해외출장지는 중국이었다. 교환학생 신분으로 방문했던 이후 5년 만에 다시 가게 되어 출장 전부터 매우 설렜다. 또한 내 중국어가 아직 통할까 하는 생각에 살짝 두렵기도 했다. 함께 가는 상무님과 부장님 앞에서 중국어 전공자로서 체면치레는 해야겠다는 생각에 출장 전날까지 중국어 책을 들여다보고 또 들여다봤었다.

현지 업무를 모두 끝낸 마지막 날, 전무님은 첫 출장이니 중국 카메라 시장 조사도 하고, 현지의 비즈니스 분위기도 파악할 겸 하루 더 머물다 오라고 하셨다. 나는 젊음의 상징인 왕푸징 거리로 향했다. 그곳에서 오랜만에 중국 음식도 먹고, 나이차(중국 전통 음료, 일종의 밀크티)도 한잔 마시며 백화점과 카메라 숍에 들러 시장 조사를 했다. 그러던 중, 정말 우연히도 교환학생 시절 룸메이트였던 핀란드 친구를 만났다.

그의 이름은 '요나스', 함께 클럽도 가고 여행도 다니던 둘도 없는 친구였다. 군대에 가면서 한동안 연락이 끊겼는데 여기서 이렇게 다시 만날 줄이야!

그것도 학생 신분이 아닌 번듯한 직장인으로……. 정말 감회가 새로웠다. 시장 조사 마무리 때문에 오래 보지는 못했지만, 우리는 오랜만에 만난 여고동창들처럼 잠시나마 깊은 대화를 나눌 수 있었다. 무엇보다 그 시절 함께 비전을 품었던 중국이라는 곳에서 어엿한 직장인이 되어 다시 만났다는 사실이, 그리고 함께했던 추억을 다시금 회상할 수 있다는 것이 너무나 기뻤다.

학창 시절 추억의 친구를 만난 것도 내가 영업마케팅 부서에 근무했기 때문에 가능했다. 고등학교 시절부터 중국어를 배웠고, 학부에서도 중국 문화를 전공한 사람으로서 지금도 중국 영업마케팅 전문가를 꿈꾼다. 다음번에 내 친구 요나스를 만날 때는 세계 최고의 시장, 중국에서 삼성의 영업마케팅 전문가라는 또 다른 명칭으로 만나길 소망한다.

05

타고나고, 잘 배운
천재급 실력자

　　사무실에 한 명쯤 있을 법한, 완벽함을 생각할 때 한 번쯤 떠올려볼 만한 선배가 내게도 있다. 호리호리한 체형에 하얀 피부, 지적인 안경, 유창한 영어 실력까지 순정만화에서 튀어나온 것 같은 선배였다. 주변에서는 이 선배더러 천재라고도 했는데, 신입사원 때는 접해볼 기회가 없어서 잘 몰랐다. 조금 친해진 뒤에 알고 보니 외교관 아버지를 따라 외국에서 오래 생활했고, 공부를 잘해서 과학고등학교와 카이스트를 졸업한 수재였다.

　　컴퓨터공학을 전공해서 엑셀도 수준급으로 다뤘다. 복잡한 과정은 아예 직접 프로그램을 만들어서 해결하기도 하고, 삭제된 파일도 금방 다시 살려낼 정도로 컴퓨터 실력이 뛰어났다. 문과생인 나로서는 꿈도 꾸지 못할 일이었다. 또 그는 영어를 아주 잘했다. 그가 영어로 유창하게 말하는 것을 가만히 듣고 있으면 진짜 외국인이 옆에 있는 것 같았다.

한번은 영업마케팅 부서를 대상으로 영어 프레젠테이션 대회가 열렸다. 상품은 당시 삼성의 카메라 신제품 중 가장 고가였던 DSLR GX20. 많은 이들이 도전했지만 결국 우승은 그의 차지였다. 듣는 이들은 귀가 호강했다며 박수를 쳤다.

게다가 이 선배는 영어만 잘하는 게 아니었다. 어쩌다 이 선배와 독일 출장을 함께 간 적이 있었다. 아침식사를 하려고 엘리베이터를 기다렸는데 정원이 꽉 차서 탈 수가 없었다. 그 상황에서 누군가가 프랑스어로 무슨 말을 했다. 뉘앙스로 보아 미안하다는 뜻 같았다. 아무 말도 할 수 없었던 나는 멀뚱멀뚱 서 있었다. 그때 선배가 프랑스어로 대답을 하는 게 아닌가? 엘리베이터를 보내고 나는 선배에게 물었다.

"선배님, 뭐라고 하던가요?"

"엘리베이터가 꽉 차서 미안하다고 하던데요. 근데 독일에서 웬 프랑스어죠?"

"그러게요. 그럼, 선배님은 프랑스어도 하시는 거네요?"

"아, 잠시 스위스에 살았거든요."

선배의 말을 듣는 순간 나는 남은 인생을 영어에 바치리라 생각했다. 프랑스어도, 독어도 할 수 없다면 영어만이라도, 영어로부터라도 자유로워지고 싶다는 생각이 들었다.

06
해외 전시회도
내 손으로 준비하다

수없이 다닌 출장 중에서 가장 기억에 남는 것은 전시회 출장이다. 갈 때마다 여러 가지 에피소드가 생겨 할 말이 참 많다. 지금도 전시회를 함께 준비했던 동료들을 만나면 그때의 이야기로 한두 시간이 금방 지나간다.

매년 1월 초, 세계 최첨단 IT기업들의 전쟁터라고 할 수 있는 신제품 전시회가 미국 라스베이거스에서 열린다. 각 기업에서 개발하고 있는 신제품을 누구보다 빨리 경험할 수 있는 기회인 CES-Consumer Electronics Show라는 전시회인데, 참여 기업만 해도 수백 개에 달하고 하루에 다 관람을 할 수 없을 정도로 그 규모가 어마어마하다. 가전제품의 국가대표가 모인 일종의 월드컵 혹은 올림픽이라고나 할까?

전시장 크기도 상상을 초월한다. 건물 서너 개를 통째로 전시장으로 활용할 정도이며, 대규모 산업단지 같은 분위기도 느껴진다. 그 넓디넓은 전시장의 한가운데를 차지하는 것은 마치 월드컵이나 올림픽의 우승컵을 들어 올리는 것처럼 중요한 화젯거리가 된다. 중앙 자리가 좋은 이유는 관람객들이 빈번하게 방문하고 취재진들도 자주 드나들기 때문에 스포트라이트를 받을 수 있다는 것이다. 그런 만큼 주최 측에서도 가장 주목받는 기업에게 이 우선권을 준다. 과거에는 주로 일본의 전자회사들이 이 자리를 차지했지만, 지금은 그 왕좌를 대한민국의 삼성전자가 당당히 차지하고 있다.

전시회 출품작들은 대부분 아직 상품화되기 전이어서 일반 시장에서 살 수가 없다. 따라서 전문가가 아닌 이상, 때로는 전문가들일지라도 제품의 특장점에 대한 설명을 들어야 한다. 전시회를 준비하는 담당자들은 어떻게 하면 우리 제품을 알기 쉽게 설명하고, 그 혁신성과 가치를 표현할 수 있을지에 대해 주구장창 고민하게 된다.

처음 CES 출장 멤버에 포함되었을 때는 말로 이루 설명할 수 없을 만큼 기뻤다. TV에서만 보던 그 전시회를 내 손으로 준비하게 되다니! '전시회에 가면 회장님은 물론이고 각계각층의 명사들도 만나볼 수 있겠구나' 하는 생각에서부터 '전시회 준비하는 장면이 TV에도 나올 수 있겠는걸' 하는 몽상까지 나의 머릿속은 온통 전시회로 가득 찼다.

그러나 그 기쁨도 잠시뿐, 그날부터 전시회가 끝나는 날까지 마음

편히 잠든 적이 없다. 특히나 CES는 연초에 열리기 때문에 전시회 준비를 연말에 다 마쳐야 한다. 한해를 마무리하며 새해맞이에 바쁜 12월은 전시팀에게는 가장 바쁜 한 달이다. 그런데 12월 내내 고민하여 만든 전시 콘셉트와 소품들이 12월 28일 밤샘 회의에서 변경되기라도 하면 당장 담당자에게 불똥이 떨어진다. "이제 와서 어쩌라고? 앞이 캄캄하고 막막해"라고 하소연할 시간도 없다. 이제까지의 노력이 헛되지 않으려면 남은 며칠간의 작업을 통해 지난 한 달 동안 준비한 것 이상의 작품을 만들어내야 한다. 다시 팀원들은 서로 다독여가며 마무리 준비를 할 수밖에 없다.

모든 준비를 마치면 이제 비행기에 오르는 일만 남았다. 격전의 땅 라스베이거스로 출발! 현지에 도착하자마자 여장을 풀고 전시회 준비를 시작한다. 본격적인 세팅 전에 전시장 주변부터 살펴보는데, 보통 하루 정도 시간을 내 전시회 기간에 있을 회의나 행사를 원활히 진행할 수 있도록 미리 현장을 답사한다. 전시회라고 해서 제품 전시만으로 끝나는 것이 아니라, 전시회 기간 내내 있을 거래선과의 미팅에도 신경을 써야 한다. 회의실을 마련하고 각종 식사나 음료를 준비하는 등 작은 것 하나하나까지 세심하게 챙겨야 하는 것이 전시 담당자의 업무다.

전시 부스 설치는 보통 사나흘 정도가 걸린다. 매년 반복되는 행사라서 모든 것이 정해진 스케줄에 딱 맞아떨어져야 정상이지만, 희한하게도 오픈 전날에는 밤을 꼴딱 새게 된다. 내가 참석한 대부분의 전시회가 그랬다. 시간 가는 줄도 모르고 일에 몰두하는데도 금세 저녁이 되고 자정을 훌쩍 넘겼다. 먼지 가득한 전시장에서 새벽 6시까지 일을 하다보면 남녀 불문하고 행색은 초라해지고 체력은 바닥으로 치닫는다. 모든 오픈 준비가 끝나면 호텔에 잠깐 들러 간단히 샤워만 하고 바로 전시장으로 돌아온다. 오전 7시, 이제 오픈 최종 점검만 남았다.

무사히 전시회가 오픈된 뒤에는 숨을 좀 돌릴 수 있다. 교대로 전시 부스를 지키면서 주요 거래선을 응대하고, 식사도 한다. 전시회가 문을 닫는 저녁 6시가 되면 보고서 작성이 기다리고 있다. 여기까지가 다가 아니다. 아직 회식자리가 남아 있다. 2시간여의 보고서 작성이 끝나면 그간 고생한 팀원들을 위해 보통 부장님이 맛있는 한식을 쏘신다. 이렇게 전시회의 첫날이 저문다.

전시회 마지막 날은 회사생활에서 가장 기쁜 날이다. 다시 생각해도 그날만큼 기쁘고 마음이 가벼웠던 날은 없었던 것 같다. 마지막 날은 보통 오후 4시면 문을 닫는다. 그 뒤 전시 제품을 철거하고 한국으로 보낼 제품을 정리한다. 2~3시간의 작업을 일사천리로 끝내면 이제부터는 홀가분하게 라스베이거스를 즐길 수 있다. 그동안 호텔과 전시장만 왔다 갔다 하느라 제대로 구경도 못했는데, 단 몇 시간만이라도 세계 최고의 환락도시인 라스베이거스를 체험할 수 있다니, 그간의 피곤함이 씻은 듯 사라진다.

전시회가 기대 이상으로 성공작이었다고 팀장님이 근사한 저녁식사를 사준 적도 있다. 비로소 전시회가 끝났다는 것이 실감되면서 업무를 성공적으로 수행했다는 뿌듯함이 밀려온다. 비록 연말연시를 오롯이 전시회에 쏟아부으면서 힘들게 보냈지만, 이 시간만큼은 삼성에 입사하길 정말 잘했다는 생각이 든다.

🎁 해외 매장 디스플레이도 내 손으로

한두 번은 카메라나 휴대폰을 구매하기 위해 용산 전자상가나 강남역 지하에 죽 늘어서 있는 휴대폰 매장을 방문한 적이 있을 것이다. 아니면 집 근처에 있는 가전제품 대리점에라도 가봤을 것이다. 아무리 인터넷 쇼핑이 발달했다고는 하나, 가전 매출의 대부분은 아직 오프라인 매장에서 생성된다.

전자제품 판매점은 고객에게 보여주는 면이 매우 중요하다. 매장을 어떻게 구성하는지에 따라 제품 판매율이 달라진다. 경쟁사인 A사의 경우 매장 분위기가 매우 깔끔하고 현대적이다. 제품의 종류가 휴대폰, MP3, PC 등으로 한정적이고 라인업도 그리 많지 않기에 가능한 일이다. 경쟁자의 입장에서 봐도 참 잘 꾸며놓았다는 생각이 든다. 제품의 외관도 훌륭하지만 매장을 방문할 때마다 받는 느낌이 사고 싶은 욕구를 한층 자극하는 것 같다.

이처럼 매장 인테리어와 제품 디스플레이는 판매에 매우 중요한 역할을 한다. 그렇기 때문에 대부분의 마케팅 담당자들은 매장 디스플레이에 심혈을 기울인다. 나의 업무 중 한 가지도 글로벌 숍 디스플레이였다. 전 세계 어느 곳을 가든지 삼성 매장은 비슷한 느낌으로 인테리어가 되어 있고, 제품도 원칙대로 똑같이 진열되어 있다. 지역적 특수성을 감안해 어떤 나라에서는 다소 특이하게 매장을 꾸밀 수도 있겠지만, 특별한 경우가 아닌 이상 세계인에게 똑같은 메시지와 분위기를 전달하고 싶은 것이 바로 마케터의 욕심이다.

그래서 본사에서는 매해 라인업에 따라 매장 진열 계획을 세우고, 각 나라를 돌아다니며 주요 거점에 있는 매장의 진열 방식을 개선한다. 그리고 나서 현지인들에게 어떠한 원칙에 의해 매장을 개선했는지 알려주고, 앞으로 이런 식으로 다른 모든 지역의 매장들도 똑같이 꾸미자고 제안한다. 하지만 현지인들과의 작업이 결코 쉽지만은 않다.

영업 전략을 마련하기 위해 터키에 출장을 갔을 때 이야기다. 현지에서 만난 마케팅/영업 담당자들은 한결같이 "타사와 비교했을 때 제품의 가격 경쟁력이 떨어져 판매를 잘할 수가 없다"고 했다. 그런데 막상 매장에 나가보니 매장 디스플레이 자체에 큰 문제가 있었다. 유통업체에 비싼 돈을 주고 임대 형식으로 삼성 카메라 존을 만들어놓았지만, 거의 무용지물처럼 보였다. 정작 신제품은 몇 모델 없었고, 심지어 제품 없이 빈 공간인 테이블도 있었다. 이렇게 제품 진열이 엉망인데 어떻게 판매율을 높일 수 있겠는가. 나는 지저분하고 보기 흉한 테이블에 삼성 로고를 붙일 바에야 차라리 없애는 편이 낫다고 판단하고 실행으로 옮겼다.

매장 디스플레이 개선이 목적이었던 출장 중에서 가장 기억에 남는 것은 남아프리카공화국 출장이다. 그때가 마침 평창동계올림픽 개최 여부가 발표되는 중요한 시기여서 전 세계 주요 인사들이 그곳에 속속 모여들고 있었다. 나는 혹시라도 귀빈들이 삼성 매장을 방문했을 때 조금이라도 좋은 인상을 받을 수 있도록 해야겠다는 생각으로 매일같이 매장을 방문하여 직접 제품도 진열하고, 광고물도 부착했다.

요하네스버그와 더반에서의 매장 개선 프로젝트를 마무리하고 돌아온 내게 낭보가 날아들었다. 평창동계올림픽 유치 확정! 평창동계올림픽이 유치되는 과정에서 나의 노력이 나비효과만큼이나 작지만 큰 역할을 했으리라 생각한다.

07
지역
전문가 제도

        삼성의 교육시스템은 그 전문성과 체계적인 교육 과정 면에서 매우 유명하다. 인재개발원이라는 부서에서 전담을 하고 있는데, 가장 유명한 프로그램은 '지역 전문가' 제도다. 일단 지역 전문가로 선발된 대상자는 해외로 파견돼 해당 국가의 언어와 문화, 기업환경을 배운다. 회사에서 모든 비용을 지원해주기 때문에 해당자는 열심히 배우기만 하면 된다. 물론 교육 기간 동안에도 월급이 나온다.

  글로벌 회사로 발돋움하기 위해서는 해당 국가에 대한 문화와 정보가 많이 필요하다. 전문적인 영업 활동을 하자면 백과사전이나 책에 나오는 내용만으로는 부족하다. 예컨대 어떤 나라에서는 잘 팔리는 제품이 다른 나라에서는 판매가 저조한 경우가 있다. 이는 그 나라 고객의 성향이 완전히 다르기 때문인데, 조금 더 깊이 들어가보면 그 안에 각 나라만의 고유하고도 독특한 문화가 숨어 있다는 사실을 알 수 있을 것이다.

카메라는 IT제품이긴 하지만 기본 디자인이 수십 년이 지나도록 크게 바뀌지 않는다. 예전 필름 카메라 시절과 비교해도 그렇다. 전면부에 렌즈가 노출되어 있고, 전원 버튼을 켜면 렌즈 부분의 얇은 덮개가 열리는 디자인이 지금까지도 계속 이어지고 있는 것이다. 때문에 디자인에 혁신적 변화를 준 제품은 고객에게 다소 거부감을 준다는 이유로 많이 개발되지 않는다. 실제로도 대부분의 국가에서 그런 제품은 잘 팔리지 않았다.

삼성은 카메라 렌즈뿐만 아니라 본체 전체를 덮는 방식의 카메라를 개발한 적이 있다. 카메라 본체를 손에 쥔 다음 덮개를 잡아서 옆으로 열면 전원이 켜지는 방식의 신제품이었다. 별도의 카메라 가방이 필요 없을뿐더러 아무 곳에나 넣고 다닐 수 있는 편리성과 디자인의 혁신성 때문에 회사에서는 내심 큰 기대를 했지만, 아쉽게도 시장에서는 큰 반향을 일으키지 못했다.

그러나 중국에서만큼은 반응이 좋았다. 중국인들은 궂은 날씨와 먼지로 인한 열악한 외부 환경에 잘 버틸 수 있는, 강한 카메라를 원했던 것이다. 중국 출장 때 만난 현지 판매사원은 덮개 때문에 렌즈가 안전하게 보관될 것 같고, 또 떨어뜨려도 고장이 잘 나지 않을 것 같아서 고객들이 좋아한다고 했다.

이러한 제품이 개발되기 위해서는 반드시 책에서 읽은 지식만이 아닌, 임직원들이 직접 보고 듣고 느낀 것들이 뒷받침되어야 한다. 처음부터 해당 지역 전문가를 선발하면 좋겠지만, 그렇지 못한 경우를 대비하여 회사에서는 막대한 비용을 투자하여 임직원을 해외에 보낸다. 과거에는 미국, 유럽 등 선진국에 주로 많이 갔지만 최근에는 중남미, 아시아, 아프리카 등 제3세계 국가로도 많이 간다. 새로운 시장 개척을 위해서다.

최근에는 '현장 전문가' 제도도 생겨났다. 지역 전문가 파견의 단점을 보완하기 위해 나온 제도다. 이 두 제도의 차이점은, 지역 전문가는 업무는 전혀 하지 않고 어학과 문화만을 배우는 반면, 현장 전문가는 사무실로 출퇴근하면서 본인이 그동안 처리하던 업무를 계속한다는 점이다. 지역 전문가가 그 지역의 어학당에서 언어를 배우고 여행을 다니며 신사업 기회를 찾는 동안, 현장 전문가는 거래선을 만나는 등 제품 판매를 위한 업무를 지속한다. 출근하는 사무실만 한국에서 해외로 바뀐 것이라고 보면 된다.

1년 코스의 지역 전문가나 현장 전문가보다 더 좋은 것은 '주재원'이다. 물론 주재원은 교육생 신분이 아니고 현지의 매출을 전부 책임지는, 매우 부담스런 자리다. 주재원의 잘못된 판단 하나로 그 나라의 매출이 떨어질 수도 있고, 창의적인 선택 한 번으로 시장점유율 1위로 올라설 수 있다는 점에서 그 중요성은 본사 임원 못지않다. 한 번 주재원으로 발령 나면 보통 5년 정도의 임기를 갖는다. 아무리 성과가 뛰어나도 일반적으로 5년 뒤면 귀국하여 본사에서 업무를 담당한다. 만약 해외에서 그 인력을 원할 경우 다시 해외 발령을 받기도 한다.

회사에서는 주재원이 업무에 매진할 수 있도록 최선의 배려를 해준다. 가족과 함께 지낼 수 있는 주택을 마련해주고, 차량도 지원해주며, 현지 교통 상황이 외국인에게 어렵다고 판단되면 운전기사까지 지원해준다. 한식 재료를 구하기 힘든 지역에는 회사 차원에서 식재료를 준비해주기도 한다. 주재원이 된 남편 때문에 어쩔 수 없이 직장을 그만두고 따라가는 아내가 있을 수도 있다. 그 경우 경제적 손실이 따른다. 그래서 회사는 해외 주재 수당 등으로 보상 방법을 마련하여 국내에서 근무할 당시보다 더 높은 연봉을 보장해준다.

나는 아쉽게도 지역 전문가나 현장 전문가 과정을 경험하지 못했다. 주재원 경험도 없다. 그렇기에 각각의 담당자가 느끼는 고충을 잘 알지 못한다. 그래서인지 겁 없이 한번 도전해보고 싶다. 한 가지 분명한 점은 한국에 있을 때보다 해외에 파견되었을 때 경험의 지평이 넓어질 거라는 사실이다. 그곳이 선진국이라면 많은 것을 배울 수 있을 테고, 혹여 오지일지라도 한국의 장점을 그곳에 전파할 수 있을 것이다. 언젠가는 정말 가고 싶다.

08
글로벌 삼성인과
일하는 즐거움

서울 이태원에는 외국인이 많다. 그런데 수원의 삼성전자 단지 내에도 이태원만큼이나 외국인이 많다. 전 세계에 수만 명의 글로벌 삼성인이 근무하고 있는데, 그들 중 상당수가 수원의 사업장으로 출근한다. 대부분의 부서에는 외국인 동료들이 한두 명씩 배치되어 있다. 가까운 나라 중국과 일본부터 소프트웨어로 유명한 인도, 그리고 강국 러시아와 미국, 심지어 지구 반대편인 라틴아메리카에서 온 사람들까지, 그야말로 전 세계 다양한 나라의 외국인과 함께 일하고 있다.

부서 내에 외국인이 있다는 것은 분명 장단점이 존재한다. 언어적 장벽과 문화적 차이로 인해 부서원 간에 오해가 생겨 사무실 분위기가 어수선해질 수도 있고, 영어에 능통하지 못한 부서장이 외국인 직원에게 업무를 시키기가 어려울 수도 있다. 영어에 자신 없는 사람은 외국인과 함께 있는 것만으로도 심한 스트레스를 받는다.

하지만 외국인 동료는 돈을 주고도 살 수 없는 훌륭한 과외 선생이다. 매일 그들과 인사하고 몇 마디 대화를 나누는 것만으로도 회화학원에서 배울 수 있는 것보다 훨씬 더 많이 배울 수 있다. 외국인들은 문화 자체, 생각 자체가 우리와 많이 다르다. 외국인 동료들 역시 일상생활의 소소한 행동부터 사고방식, 업무 처리 절차 등 우리와 다른 점이 많다. 그들로부터 단순히 외국어만 배운다기보다는 그가 속한 나라의 문화 전체를 접하는 기회로 삼으면 좋다.

그렇다고 그들에게 계산적으로 다가가서 전략적으로 친해져서는 안 된다. 그냥 서로의 부족함을 채워주는 관계로 발전해야 한다. 신뢰감이 쌓이면 국경을 넘어선 우정도 싹틀 수 있다. 생각해보라. 낯선 땅, 대한민국에서 사는 것이 얼마나 불편하고 외로울지. 또 입장을 바꿔 생각해보라. 우리가 브라질이나 남아프리카공화국 같은 먼 곳에서 생활한다면 어떨지. 누군가의 작은 도움에도 감동받지 않겠는가?

우리 부서에는 미국인과 영국인, 중국인, 태국인이 각각 한 명씩 총 네 명이 있다. 그래서 마음만 먹으면 언제든지 영어나 중국어, 태국어를 배울 수 있다. 그들 중에서 나는 특히 미국인 '리처드', 태국인 '리리'와 친하다. 둘 다 MBA를 졸업한 수재로, 삼성에는 경력사원으로 입사했다. 나이도 비슷하고 성격도 잘 맞아서 우리 세 명은 일로도 사적으로도 친하게 되었다.

그들을 좀 더 자세히 소개하면, 리리는 태국의 명문이라 알려진 출랄롱코른대학에서 학사 과정을 마친 뒤 미국으로 건너가 샌프란시스코대학에서 MBA 학위를 받았다. 미국에 있을 때 삼성전기에서 근무하는 한국인 남편을 만나 한국으로 오게 되었다고 한다. 태국 국적인 리리는 화교 부모님을 둔 까닭에 중국어를 곧잘 하는데, 때때로 나와 사무실에서 중국어로 대화하기도 한다.

리처드는 전형적인 뉴요커로, 미국 브라운대학을 졸업한 뒤 에모리대학에서 MBA 과정을 마쳤다. 키도 크고 몸집도 좋아서 학창 시절 미식축구 선수를 했을 정도로 활발한 친구다. 삼성에서 리처드는 미국의 대형 광고업체인 스타컴Starcom과의 업무에 투입되었다. 마케팅 예산을 어느 나라에 어떻게 분배하는 것이 가장 효율적인지 전략을 구상하는 것이 그의 주된 업무다. 그리고 본사에서 동료들이 만든 광고안을 보고 외국인의 시각에서 의견을 제시하기도 한다. 그의 업무 중에서 특히 중요한 것은 바로 우리가 작성한 각종 영어 보고서를 살펴보고 첨삭 지도를 해주는 것이다. 최고의 엘리트에게 고작 영어 자료 첨삭 지도를 부탁해서 미안하기는 하지만, 우리에게 리처드의 검사는 절대적으로 필요한 과정이다. 한국인이 아무리 영어를 잘해도 현지인에 비하면 어설플 수밖에 없기 때문이다.

글로벌 시장을 공략하기 위해서는 우리식 영어로는 부족하다. 제대로 된 영어와 그들의 시각에서 바라본 광고안이 필요하다. 가끔 우리는 농담 삼아 '리처드의 주요 업무는 영어 감수'라고 할 정도다. 성격이 까칠해서 조금 불편할 때도 있지만 리처드는 내게 소중한 글로벌 동료다.

외국인도 우리와 다를 바 없는 똑같은 직장인이기에 사무실 문화는 상당히 비슷하다. 우리 부서에는 미국에서 학부, 대학원을 마치고 직장생활까지 경험한 과장님이 있었다. 그는 한국 문화와 미국 문화의 공통점과 차이점을 명확하게 이해하고 있었다. 가끔 리처드가 사무실 매너에 어긋나는 행동을 할 때면 그 과장님이 콕 집어서 알려주곤 했다.

외부 회사와 미팅을 할 때는 자기 회사에 대한 험담을 하지 않아야 한다. 이것은 모든 비즈니스 미팅에서 지켜야 할 기본 중의 기본이다. 그런데 어느 날, 리처드가 미팅 도중에 다른 회사의 미국인에게 회사 험담을 하는 것이 아닌가. 같은 나라 사람이라 반가운 마음에 그런 이야기를 했을 수도 있지만, 그래도 해서는 안 되는 이야기였다. 그때 과장님이 리처드의 잘못을 지적했다.

"이곳이 미국이었어도 그런 대화를 했을까요? 이것은 사적인 미팅이 아니라 비즈니스 미팅입니다. 앞으로는 이런 일이 없도록 주의하기 바랍니다."

리리는 한국말을 잘한다. 남편이 한국인이어서인지 리리의 한국어 구사 능력은 혀를 내두르게 한다. 태국어, 영어, 중국어, 한국어 총 4개 언어를 구사하는데다 예쁘고 마음씨도 착해 부서 내에서 인기가

밖에서 아는 삼성 안에서 배운 삼성

높다. 한국어를 잘하기 때문에 리리는 우리와 똑같은 업무를 한다. 제품을 론칭하고 숍 디스플레이 기준안을 만드는 등 난이도 최상의 업무를 진행하는 데 전혀 무리가 없을 정도다.

제품을 론칭하는 과정에서는 마케팅 부서만 상대하는 것이 아니라 제품개발 부서부터 상품기획자, 현지 법인까지 정말 다양한 사람과 협조해야 한다. 말이 잘 통해도 쉽지 않은 일인데, 리리는 영어가 다소 서투른 개발 부서 직원들과도 무리 없이 일을 했다. 어려운 전문 용어를 한국말로 설명해가며 업무를 하는 리리 옆에서 내가 도와줄 일은 없었다. 게다가 그녀는 내가 작성한 이메일 문구가 매끄럽지 않으면 "대리님! 이렇게 바꿔봐요"라고 훈수까지 두었다.

리처드와 리리가 참석하는 부서 회의에서는 공식적으로 영어를 사용했다. 잘 이해가 되지 않는 경우 둘의 양해를 구하고 한국어로 진행하기도 했으나, 대부분의 경우 영어가 공식 언어였다. 처음에는 상당히 불편했지만 시간이 지날수록 익숙해졌다. 자연히 부서원들의 영어 실력도 눈에 띄게 향상되었다.

이들과의 관계에서 언어는 참으로 중요한 요소다. 하지만 그것이 전부는 아니다. 마음을 열고 다가가면 언어의 장벽을 뛰어넘어 문화적 다양성을 배울 수 있고, 상대방의 문화도 이해할 수 있다.

하루는 리리에게서 급하게 나를 찾는 전화가 왔는데, 리처드가 다리를 다쳐 병원에 가야 하는 상황이라고 했다. 나는 직접 운전해서 그를 병원으로 데려갔고, 의사와 리처드가 소통할 수 있도록 중간에서 통역도 도와주었다. 그리고 발에 깁스를 한 리처드를 집까지 바래다주었다.

한 번은 리처드가 우리 부서원들을 강남의 한 식당으로 초대한 적이 있었다. 미국에서 오신 리처드의 부모님과 함께 저녁식사를 하는 자리였다. 그런데 약속시간이 토요일 저녁 7시였다. 다양한 사정으로 대부분의 동료들이 참석을 못할 상황이었다. 이래서는 리처드 부모님도 실망을 하고, 리처드도 서운할 것 같다는 생각이 들었다. 나는 야심차게 등록한 주말 저녁 영어 학원 수업을 포기하고 그 자리에 나갔다.

나와 리리, 리리의 남편 이렇게 셋이 참석한 그날의 저녁식사는 정말 완벽했다. 한국에 잘 적응하고 있는 리처드를 대견하게 바라보는 미국인 부부, 그리고 그의 한국 친구들은 근사한 레스토랑에서 와인을 마시며 시종일관 화기애애한 분위기를 즐겼다. 그날 그는 내게 "이렇게 와줘서 너무 고마워"라는 말을 몇 번이나 반복했다.

이 일을 계기로 리처드는 내 부탁이라면 두말없이 도와주곤 한다. 가끔은 업무적으로 부딪힐 때도 있고 의견을 달리할 때도 있지만, 언제라도 묻기만 하면 사소한 영어 표현까지도 성심껏 도와주는 네이티브 과외 선생이 되어준 것이다.

한국 생활에 어려움을 겪을지 모르는 외국인 동료에게 먼저 손을 내밀자. 그들은 그 고마움을 본국에 돌아가서도 간직할 것이다. 나 역시 2년여의 시간을 함께한 리리, 리처드에게 고마움을 간직하고 있으니 말이다.

❖ 해외출장 중의 돌발상황도 소중한 경험

국내든, 해외든 가끔 사무실을 벗어나 여행과 업무의 경계를 넘나드는 '출장'은 직장인이 누릴 수 있는 특권 중의 하나다. 나는 글로벌 마케팅 업무를 수년간 담당했기 때문에 운 좋게도 세계 곳곳을 다녀볼 기회가 많았다. 출장을 통해 가까운 아시아권부터 유럽, 미국, 심지어 아프리카까지 거의 모든 지역을 가보았다.

여러 번의 출장 중에서도 우크라이나(동유럽)-레바논(중동)-모로코(아프리카)로 이어졌던 긴 여정이 생각난다. 현지 거래처와 직원들에게 삼성의 신제품을 소개하기 위해 떠난 출장이었다. 그해 새로 나온 듀얼 LCD 카메라(카메라 앞뒤로 2개의 LCD가 붙어 있는, 일명 '한효주 카메라')의 장점을 소개하고 우리 회사의 비전을 공유하는 것이 주목적이었다. 특히나 다른 브랜드에는 없던, 최초의 메이저 모델이었기 때문에 매우 중요한 출장이었다.

출장 기간이 무려 2주나 되고, 방문 국가도 3개국이라 비행기를 여러 차례 갈아타는 상황이 연출되었다. 레바논 일정을 마친 나는 비행기 스케줄 때문에 점심도 건너뛰고 곧장 공항으로 달려갔다. 그런데 어이없게도 내가 예약한 에어프랑스 비행기의 좌석 배정에 문제가 생겼다. 정원보다 무려 20명이나 되는 고객을 더 예약 받은 것이다. 결국 비행기를 탈 수 없었다.

"오늘 저녁 비행기를 타야 내일 오전 모로코에서 거래선 행사를 진행할 수 있는데……."

화도 내고 따져도 보았지만 항공사 측은 그저 묵묵부답으로 일관했다. 하긴 나와 같은 처지의 사람들이 20명이나 더 있었기에 나만 추가로 태워줄 수도 없었으리라. 다른 비행기 좌석도 이미 만석이었기에 그냥 포기하는 수밖에 없었다.

나는 에어프랑스에서 제공하는 호텔에서 기다리다가 다음 날 새벽 4시 비행기를 타기로 했다. 다행히 모로코에 전화해본 결과 행사 시간 조정이 가능했다. 공항 도착 후 바로 행사장으로 이동하면 오전 10시에 시작하는 행사에 늦지 않을 수 있었다.

비행기를 기다리다가 알게 된 영국인과 함께 호텔로 향했다. 무료 호텔이라서 기대도 안 했는데, 도착한 곳은 바닷가에 위치한 최고급 호텔이었다. 우리는 바닷가에 설치된 최고급 수영장에서 수영도 하고, 해지는 저녁노을을 바라보며 칵테일도 한잔씩 마셨다. 마치 영화 속 한 장면처럼 멋진 시간이 펼쳐졌다.

출장 가서 일하는 것은 사무실에서 일하는 것보다 몇 배로 힘들다. 그래도 분명 매력은 있다. 틈틈이 해당 도시의 매력을 엿볼 수 있는 시간도 있고, 선물을 사오는 재미도 쏠쏠하다. 무엇보다 출장으로 내 업무 능력이 한층 향상되고 있음을 느끼는 희열은 이루 말할 수 없을 정도다.

09
일과 삶의 균형을 맞추는
열정의 소유자

입사 후 지금까지 가장 친하게 지내는 사람이 있다. 앞서 소개한 인물들에 비하면 그다지 특별한 인물은 아니다. 다만 지극히 평범하다는 점이 바로 이 친구의 특색이 아닐까 싶다. 본인의 일은 열심히 하되, 일이 끝난 뒤에는 철저하게 대인관계와 취미생활에 열정을 쏟는다. 여행과 음악을 좋아해서 사내 밴드 동호회 활동에서 드럼을 치고, 가끔은 코러스로 무대에 서기도 한다. 무대에서 연주하는 모습을 본 적이 있는데, 장난기 많은 평소 분위기와는 사뭇 달랐다. 장난칠 때와는 정반대로 진지하게 공연에 임하는 모습을 보면서 이것이 그의 매력이 아닐까 생각했다.

이 친구는 매년 한두 번씩 해외여행을 간다. 그것도 혼자서, 유명하지 않은 오지들만 골라서 간다. 인도, 쿠바, 캄보디아, 태국, 라오스,

볼리비아 등 그가 다녀온 나라의 이야기를 듣다보면 흔한 여행담과는 차원이 다르다는 것을 깨닫는다. 그는 진정한 여행을 즐길 줄 아는 사람이었다.

그는 머릿속이 복잡할 때면 여행을 떠난다. 그리고 혼자만의 시간을 보내며 모든 것을 비워낸다. 나는 이 점이 참 부럽다. 나는 여행을 가도 무엇인가 더 채우려는 욕구가 강한데, 그는 떠남의 즐거움과 비움의 미학을 이미 알고 있었다. 여행 후에는 본인이 찍은 사진들을 보여준다. 생생한 느낌이 그대로 살아 있어 여행지의 즐거움이 느껴진다.

또 하나 얼마 전 알게 된 사실은 그가 재즈 마니아라는 것이다. 주말이면 재즈 공연도 관람하고, 재즈 바에서 멋들어지게 맥주도 한 잔 한단다. 게다가 소장하고 있는 재즈 CD만 250장이라니 놀랍기만 하다. 취미에는 돈을 아끼지 않는 그의 삶이 여유롭고 멋있어 보인다. 이제 결혼만 하면, 아니 연애만 하면 더 바랄 것이 없는데……. 특별히 천재적인 면은 없지만 일과 삶의 균형을 잘 맞추는, 어찌 보면 회사에 가장 잘 어울리는 인재상인 듯하다.

10
학문과 실전을 겸비해
기회를 만들다

　　　　　　　　　　　도도한 외모에 차분한 성격을 가진
이 사람과는 교육장에서 처음 만났다. 카메라사업부 마케팅부에서
한국 총괄 국내 영업 부서로 자리를 옮긴 나는 3박 4일간 국내 영업
기본 교육을 받게 되었다. 그때 교육을 진행한 과장님이 바로 그녀
다. 우리는 같은 대학원에서 공부했다는 공통점 때문에 금세 친해
졌다.

　알고 보니 그녀는 경영학 박사 출신이었고, 모교 교수와 함께 쓴 논
문은 세계 3대 마케팅 학술지인 〈마케팅 리서치 저널Journal of Marketing
Research〉에 실렸다고 한다. 논문의 주제는 '가격의 제시 순서가 소비
자 선택에 미치는 영향'이었다. 여러 제품을 내림차순으로 제시할 때
오름차순 제시보다 고가 제품을 구매할 확률이 높다는 내용이었다.

이것을 매장 운영에 적용시키면. 매장에서도 고객 동선에 맞춰 프리미엄 제품부터 눈에 띄는 곳에 진열해두는 게 여러모로 효과적이라는 말이다. 이 경우 고객을 상담할 때도 프리미엄 제품부터 설명할 수 있기 때문에 판매 단가를 올릴 수도 있다. 일반적으로 먼저 좋은 제품을 본 다음에 저렴한 제품을 보게 되면, 나중에 본 제품이 성에 차지 않는다. 당연히 먼저 봤던 고가 제품을 구매할 가능성이 높아진다.

당연한 이치 같지만, 사실 현장에서 근무하지 않고서는 쉽게 알기 어려운 내용이다. 이것을 학문적으로 증명해내는 일도 쉽지 않다. 그런 주제로 논문을 쓴 사람이 삼성인이라는 사실이 매우 자랑스럽다.

CHAPTER

8

떠나는 사람,
남는 사람

SAMSUNG STORY

01
입사하자마자
은퇴 준비를?

졸업의 어원은 아이러니하게도 '시작하다Commence'이다. 기존에 배우던 과정을 마치는 것은 곧 새로운 과정을, 혹은 새로운 세상을 시작하는 것을 의미한다. 회사를 그만두고 MBA나 박사 과정 등 배움의 길로 들어서는 것, 다른 회사로 이직을 하거나 직접 사장이 되어 사업을 시작하는 것, 아니면 정년퇴임까지 계속 근무하다가 아름답게 은퇴하는 것 모두를 '졸업'이라고 표현할 수 있지 않을까?

어떤 방식의 졸업을 생각하든 우리 모두는 언젠가, 어떤 식으로든 '졸업'이라는 과정을 거쳐야 한다. 좋든 싫든 간에 말이다.

이제 겨우 사회가 어떤 곳인지 알아갈 만한 나이에 벌써부터 졸업을 이야기하는 것이 이상하게 보일 것이다. 평균수명 100세 시대를 살아가는 입장에서는 결코 빠른 것이 아니라는 생각이다. 회사가 모든 것을 책임져주지 못하는 지금의 경제 여건상 입사하자마자 은퇴를 준비하는 것은 어쩌면 당연하다. 아니, 은퇴 준비를 안 하는 사람이 오히려 이상하다. 직장생활의 시작부터 은퇴를 고려할 수밖에 없는 현실이 서글프긴 하지만 어쩔 수 없는 일. 차라리 그것을 다른 관점으로 받아들이며, 새로운 시작의 의미를 가진 '졸업'이라고 생각하면 좋지 않을까?

02
퇴사 순서는
입사 순서와 다르다

　　　　　　　　　　태어나는 것에는 순서가 있지만 삶을 마감하는 것에는 순서가 없듯이, 회사에 입사할 때는 순서가 있지만 그만둘 때는 순서가 없다. 먼저 입사했다고 먼저 그만두는 것도 아니고, 나중에 들어왔다고 나중에 그만두는 것도 아니다.

　대개 죽음은 우리의 의지와는 무관하게, 느닷없이 다가온다. 그러나 어떤 일을, 회사를 그만두는 것은 자신의 의지대로 언제든지 그 시기를 조절할 수 있다. 따라서 우리는 떠남이나 그만두는 일을 수동적으로 기다릴 것이 아니라 능동적으로, 보다 적극적으로 대응할 필요가 있다.

　그렇다면 회사를 그만두는 것은 언제, 어떻게 하는 것이 가장 유리할까?

회사를 그만두는 시기는 크게 두 가지가 있다. 지금 직장에서 끝까지 버티다가 정년퇴임을 하거나, 진학·이직·창업 등 중간에 회사를 나가는 것이다.

만약 진학·이직·창업을 한다면 그만둔 후의 기회비용을 포함한 기대수익이 이전의 기회비용보다 훨씬 나은지 살펴봐야 한다. 나을 경우라면 적극적으로 선택하는 것이 좋다. 그러나 여기에는 함정이 있다. 지금 걷고 있는 길을 벗어나 새로운 길을 찾아가는 것이기 때문에 처음에는 신선하고 즐겁게만 보인다는 것이다. 막연히 지금 가는 길이 지루하고 재미가 없어서 새로운 길로 들어서는 우를 범해서는 안 된다. 평생을 두근거리게 할 만한 비전을 찾은 사람, 어릴 적부터 꿈꾸던 목표가 마치 강력한 자석처럼 본인의 삶을 끌어당기는 경우가 아니라면 지금 걷고 있는 길을 계속 가는 게 안전하다. 소소한 삶의 재미는 지금 있는 곳이나 다른 곳이나 별반 차이가 없을 테니까. 가보지 않은 길이 아름답다는 박완서 작가의 말처럼 말이다.

이직의 경우 단순히 약간 더 나은 연봉 때문에, 혹은 지금의 업무가 괴롭고 힘들기 때문이라면 다시 한 번 생각해봐야 한다. 새로이 만나게 될 직장은 평생을 두고 일하고 싶을 만큼 본인에게 비전을 제시하는 곳이어야만 한다. 이직을 선택한 사람들이 받는 가장 큰 스트레스는 새로운 근무환경에 대한 적응, 즉 직장 문화에 대한 이해는 물론이고 직장 내 인간관계를 전부 원점에서 시작해야 한다는 것이다. 마치 이등병이 자대 배치를 받고 군생활에 적응하듯이 말이다.

이직을 할 때는 평생을 두고 할 만한 일인지 신중하게 고민해야 한다. 만약 연봉을 올려 받겠다는 마음을 먹었다면 이왕에 이직할 바에야 아주 많이 올려 받아야 마땅하다. 특별한 혜택을 받는 조건이 아니라면 자아실현이라도 가능해야 한다. 그렇지 않다면 당연히 기존의 직장에서 계속 근무하는 것이 유리하다.

창업은 워낙에 변동이 크고, 또 내가 잘 모르는 분야라서 자세히 설명하기는 어렵다. 다만, 매달 꾸준히 나오는 월급의 단맛을 과감히 포기한 채 인생을 건 배팅을 해야 한다는 점과 더 이상 조직의 울타리 안에 속할 수 없다는 점만은 분명히 말할 수 있다. 대기업 직원이었다면 그동안 관련 업체 주요 담당자와 전화 한 통으로 손쉽게 연락하고 미팅도 했겠지만, 사업으로 독립하는 순간 이 모든 혜택은 안녕이다. 삼성전자 임직원의 명함을 가지고 비즈니스 파트너를 만나는 것과, 소속 없는 개인으로서 누군가를 만나는 것은 천지 차이이다. 삼성이라는 거대한 울타리가 위력을 발휘하는 순간이다. 만약 그 울타리가 답답하게 느껴진다면 모든 것을 내려놓고 과감하게 새로운 도전을 하는 것도 좋다고 본다.

회사를 그만두는 또 다른 방식은 정년퇴임이다. 진학·이직·창업 등이 스스로의 선택인 것과 마찬가지로 현재의 직장에서 정년퇴임을 하는 것 역시 스스로의 선택이다. 현재의 직장에 머무르는 것을 선택했다면, 다른 데 눈 돌리지 말고 열심히 일해서 그 분야에서 최고를 지향해야 한다. 나이가 들어 그만두려고 하면 운신의 폭이 크지 않다. 그렇기 때문에 더욱 더, 평생에 걸친 퇴직 이후의 삶에 대한 준비가 필요한 것이다.

　꾸준한 저축과 연금으로 노후생활 준비하기, 아플 때를 대비해 건강보험 들기, 그동안 소홀해진 배우자 및 자녀와의 관계 회복하기 등등이 은퇴 준비 과정에 해당한다. 이러한 일들은 일순간에 이루어지는 것이 아니므로 평소 많은 시간을 들여 꾸준하게 준비해야 한다. 은퇴 준비는 빠를수록 좋다. 조금이라도 더 젊고 힘이 있을 때 직장생활 이후를 준비하자.

03
명예롭게
떠나기

　　　　　　　　모든 졸업식에서 빠지지 않는 행사
가 있다. 바로 우등생에 대한 시상이다. 그럼, 직장인에게 명예롭게
졸업하는 것은 무엇일까? 내가 알고 있는 몇 가지 사례를 통해 함께
생각해보고 싶다.

　내가 근무하던 부서에는 외국계 기업에 다니다가 경력직으로 입
사한 두 명의 대리가 있었다. 재미있는 사실은 둘 다 어렵게 들어온
삼성을 그만두고 다시 예전 직장으로 돌아갔다는 것이다. 삼성이라
는 타이틀이 입사 전에는 마냥 장밋빛으로 보였겠지만, 막상 일을
하려니 근무환경도 낯설고, 업무에 대한 부담감도 상상 이상으로
과중했을 것이다. 결국 두 사람은 익숙한 환경을 찾아 이전에 다니
던 회사로 되돌아갔다. 결코 이 둘의 업무 능력이 부족해서만은 아

니었다. 새로운 환경에 적응하는 일이 얼마나 힘든지 단적으로 보여주는 예다.

그런데 그 두 사람이 삼성에 근무한 기간은 꽤 다르다. 한 명은 입사 후 3개월 만에 바로 퇴사했고, 다른 한 명은 3개월 만에 퇴사할까 고민하다가 3년을 채웠다. 그 둘의 차이는 어디에서 왔을까?

3개월 근무한 사람과 3년 근무한 사람에게 주어진 업무량은 객관적으로 봤을 때 비슷했다. 다만, 그것을 받아들이는 본인의 마음가짐이 달랐다. 한 사람은 "안 되겠다. 예전 회사가 좋았구나. 이 회사는 내가 없어도 괜찮았던 곳이니, 내가 얼른 다시 빠져줘야겠구나"라고 생각한 반면, 또 다른 한 사람은 "도저히 못하겠다. 아니지, 그래도 내가 계속 마케팅 업무에 종사하려면 이미지 관리도 해야 하고, 또 나를 믿고 뽑아준 삼성에도 예의가 아니지. 이 정도 업무를 버티지 못하고 도망가는 것은 내 자존심이 허락하지 않아"라고 생각했다. 한 사람은 상황 판단이 너무 빨라 3개월 만에 떠났고, 또 한 사람은 그만둘 때 그만두더라도 도망치듯이 떠나지는 않겠다는 각오로 3년을 버텼다.

나는 진학을 하든, 이직을 하든, 창업을 하든, 최소한 본인을 믿고 일을 맡겨준 회사에 대한 예의는 지키는 것이 명예롭게 떠나는 길이라고 생각한다. 또한 나를 신뢰하는 부서원과 나를 뽑아준 상사에 대한 최소한의 예의가 아닐까 한다. 어차피 좁은 세상이고 좁은 시장이기 때문에 한두 단계만 거치면 누가 누군지 다 알고, 언제 어디서 또 만날지 알 수 없다.

"떠나야 할 때가 언제인지를 알고 떠나는 사람의 뒷모습은 아름답다"는 말처럼, 아름답게 떠나는 것은 정말 힘든 과제다. 쟁쟁한 글로벌 업체들과의 경쟁 속에서 살아남기 위해 때로는 열정적으로, 때로는 반강제적으로 과중한 업무를 수행해야 하는 직장인들에게 '아름답게 그만두기'란 어렵고 요원한 일처럼 느껴진다.

그런데 명예롭고 아름답게 그만둔 사람이 있다. 바로 "내 몸에는 파란 피가 흐른다"고 말하던 전 삼성라이온즈 소속 양준혁 선수다. 그는 책에서, 김성근 감독이 SK에서 더 뛰어보자고 했지만 삼성인으로 남기 위해 은퇴를 결심했다고 밝혔다.

과연 나는 이렇게 멋진 선택을 할 수 있을까? 다른 회사에서 높은 연봉으로 유혹하며 이직을 제의할 때도 의연하게 삼성을 택할 수 있을까? 삼성은 그의 선택과 선수로서의 삶에 대한 보상으로 성대한 은퇴식을 치러주었다. 매순간 1루까지 최선을 다해 달리던 양준혁 선수. 비록 몸은 그라운드를 떠났지만 그는 여전히 삼성의 전설로 남아 있다.

졸업을 논하기에 나는 아직 너무 이르지만, 언젠간 나도 양준혁의 은퇴식처럼 멋진 마무리를 하고 싶다. 그러려면 오늘 하루 최선을 다해 살아야 한다. 오늘이 없이는 내일도 없다는 생각으로 오늘의 한 시간, 한 시간을 의미 있게 보내야 한다. 나의 아름다운 은퇴식, 상상만으로도 가슴이 벅차오른다.

04
미래는
준비된 자의 것

          사랑은 그 자체로 아름답다. 젊은 남녀가 첫눈에 반하고, 뜨겁게 사랑하는 모습은 보는 이의 마음까지 훈훈하게 만든다. 그러나 사랑이 처음처럼 계속 뜨거울 수는 없다. 그토록 뜨겁던 사랑도 언젠가는 이별이 되어 아픔으로 다가온다. 이별은 아름다울 수 없다. 쿨한 이별은 영화에서나 있다. 누군가 쿨하게 이별했다고 한다면 진정으로 사랑하지 않았거나, 사랑이 무엇인지 모르거나, 혹은 정말 아픈 데 쿨한 척할 뿐이다.

    회사를 떠나는 심정도 그와 같다. 신입사원의 열정은 한겨울 언 강물도 녹일 만큼 뜨겁지만, 시간이 지날수록 그 마음은 점점 미지근해지고, 회사를 떠나야 할 때가 오면 이별을 앞에 둔 사람처럼 서글퍼지기만 한다.

매년 연말이 되면 인사 발령으로 인해 회사 분위기가 어수선하다. 누가 임원이 된다더라, A부장님이 우리 부서로 오시고 우리 부장님은 어디로 옮긴다더라, 심지어 우리 부서가 없어진다더라는 얘기까지, 속칭 '카더라' 통신이 난무한다. 그런데 누군가 승진을 하고 새롭게 임원이 된다는 것은, 다른 누군가는 승진이 되지 않거나 그간의 생활을 마무리하고 이제 자유인으로 돌아간다는 것을 의미한다. 내가 모시던 한 임원도 석별의 정을 나눌 시간도 없이 그간의 회사생활을 정리하고 삼성을 퇴직하셨다.

흔히들 사람이 머물다 떠난 자리에는 흔적이 남는다고 한다. 마찬가지로 회사를 떠나도 평가는 남는다. 떠난 그가 얼마나 최선을 다해 자신의 일에 몰두했고 충실했는지, 남아 있는 이들 모두가 알고 있다. 그의 업적, 그 결과물은 회사에 문화든 제품이든 어떤 형태로든 남아서 남은 이들에게 영향을 미친다. 떠나면 그만이지, 생각한다면 크나큰 오산이다. 그가 떠나기 전에 얼마나 마무리를 잘했는지에 대해 남은 이들은 두고두고 이야기할 테니까.

간혹 퇴직이 결정되고 나서도 한두 달 정도 더 다니는 경우가 있다. 이 경우에도 남은 기간 동안, 회사일에 마침표를 찍을 때까지, 끝까지 최선을 다해야 한다. 끝이 좋아야 모든 게 좋다는 말은 괜히 있는 게 아니다. 실제로 동료들이 회사를 그만둘 때도 한두 달 전에 미리 부서원들에게 이 사실을 알린다. 그래야 다음 사람에게 인수인계도 깔끔하게 해줄 수 있고, 책임감 있는 모습을 남길 수 있기 때문이다.

회사를 떠난다고 고개 숙이고 쉬쉬하던 세상은 이미 지났다. 오히려 새 출발을 앞둔 이에게 많은 동료들이 축하도 해주고 격려도 해준다.

아마추어가 아닌 프로 직장인들이 모인 세계에서 회사를 떠나는 것은 그만둔다는 의미 그 이상의 의미를 갖고 있다. 떠나면 끝이 아니다. 어떤 면에서는 오히려 떠난 뒤가 더 중요하다. 회사는 나 없이도 잘 돌아가겠지만, 홀로 된 나는 더욱 정신을 바짝 차려야 살아갈 수 있기 때문이다. 100세 시대에 평생직장이 어디 있겠는가? 자의든, 타의든 회사를 그만둘 때야말로 스스로의 가치를 다시 한 번 평가받을 수 있는 절호의 기회라고 생각해야 한다. 긍정적으로 밝은 미래를 꿈꾸는 이에게 기회는 언제나 열려 있다.

삼성에서 임원이 된다는 것은 부와 명예를 거머쥐는 것이라고 흔히들 말한다. 그러나 그에 못지않은 많은 책임과 고뇌를 어깨에 짊어져야 한다. 한 명의 임원이 잘못 내린 결정으로 수억 원의 손해가 나기도 하고, 허를 찌르는 아이디어로 수십, 수백억 원의 손익이 나기도 한다면 이들의 부담감을 조금이나마 이해할 수 있을 것이다. 그만큼 중요한 직책이기 때문에 수백, 수천 명의 입사동기들 가운데 임원이 되는 사람은 몇 명이 채 안 된다.

내가 겪은 많은 임원들은 열정이 신입사원 못지않았다. 겁 없는 신입사원의 열정보다 임원의 열정이 더 무서운 이유는 이들의 열정에는 연륜이 더해졌기 때문이다. 그들은 회사를 나가는 날까지 열과 성의를 다해 업무를 마무리한다. 본인의 업무는 물론이고, 후배들 한 명 한 명의 감성까지 챙겨가며 이별을 준비한다. 하지만 아름답기만한 이별은 없으니, 회사라고 해서 예외는 아니다. 평생을 바쳐 일한곳을 떠나는 심정은 아무리 가까이서 지켜본들 알지 못할 것이다.

그런데 회사를 떠난 선배들에게는 공통점이 있다. 떠나기 전과 마찬가지로 항상 열정으로 가득 찬 삶을 산다는 것이다. 어떤 선배는퇴직 후 약간의 휴식기를 가진 뒤 국내 유명 타이어 회사의 부사장으로 스카우트되었고, 또 어떤 선배는 반도체 관련 업체의 임원으로 자리 잡았다. 부하직원의 입장에서 상사를 떠나보낼 때면 왠지 서글프기도 하고, 위로의 마음을 어떻게 전해드려야 하나 고민도 된다. 하지만 페이스북을 통해 잘 지낸다는 글을 주고받을 때면 반갑기도 하고, 잘 지내셔서 다행이라는 생각도 한다. 떠난 사람이 잘 지내야 남아 있는 사람의 마음도 편하다.

퇴직한 선배들 대부분은 그동안 회사에서 주로 하던 일을 그대로하는 경우가 많다. 영업을 하시던 분은 계속 영업을 하고 마케팅을하시던 분은 계속 마케팅을 하는 등, 명함에 새겨진 회사의 간판만바뀌었을 뿐 하던 일은 그대로다. 자신이 배우고 경험한 일에 대한자신감과 열정이 지속되고 있다는 증거다.

미래는 항상 준비된 자의 것이다. 지금 이 순간에 충실하지 않으면달콤한 미래는 없다. 아름다운 떠남을 선택한 선배들은 현재를 충실히 살았기 때문에 이별조차 아름답게 만든 것이다.

열정이 있으면
답이 보인다

　　　　　　　　　　　나는 지금 인도네시아의 수도 자카
르타의 한 스타벅스 커피숍에 앉아 키보드 자판을 두드리고 있다. 광
고 촬영을 위해 방문한 제주도에서 집필을 시작한 것이 얼마 전 같은
데, 어느덧 1년이 지나 이 책의 마지막 글을 쓰고 있는 것이다.

　우연히 '학교'와 '회사'의 유사점과 차이점에 대해 관심을 갖게 되었
다. 인생은 배움의 연속이라는 상투적인 말도 회사를 다니면서 더욱
절감하게 되었다. 그러다 삼성에서 배운 것을 혼자만 알지 말고 모두
와 공유하는 것이 나의 장점을 살리는 길이자 타인에게 도움이 되는
방법이라는 생각을 했다. 그것이 이 책의 시작이었다.

　각 장마다 회사에서의 바른 행동과 마음가짐에 대해 답을 제시하
고자 노력했고, 내가 평소 생각했던 부분을 작은 것 하나까지 욕심껏

담아내려 애썼다. 그러나 아마도 나만의 답일 것이다. 우리는 회사생활, 인간관계 속에서 많은 고민들을 마주한다. 작은 결정부터 인생에 몇 번 없을 중요한 선택의 기로에 이르기까지, 무수히 마주치게 되는 갈등 속에서 어떤 선택을 할지 고민한다. 그리고 해결책을 얻기 위해 주변 사람들에게 조언을 구한다. 사실, 그들의 해결책은 천차만별이라 들어도 무엇이 답인지 알기 어려울 때가 많다.

애니메이션 영화인 〈쿵푸 팬더〉를 보면, 주인공 '포'가 진정한 용의 전사로 거듭나기 위해 절대고수가 되는 비법이 적힌 '용의 문서'를 펼쳐보는 장면이 나온다. 그런데 막상 문서에는 아무 내용도 적혀 있지 않다. 포는 실망하지만, 결국 결정적인 순간에 악당을 물리치고 마을을 구한다. 쿵푸의 절대고수가 되는 비법은 바로 내 안에 있다는 깨달음을 얻었기 때문이다.

우리가 주변에 조언을 구할 때는 이미 고민에 대한 답을 알고 있지만, 보다 확신을 얻기 위해 상담을 하는 경우가 대부분이다. 조언을 해주는 사람은 본인이 놓치고 있는 것들에 대한 시야를 넓혀주고 또 다른 관점에서 바라볼 수 있게 도와줄 수는 있지만, 정답을 골라서 "이렇게 해. 이게 최선이야"라고 말해줄 수는 없다. 이렇게 말하는 사람이 있다면 그는 아마도 사이비 종교의 교주일 것이다.

갈등에 놓였을 때, 선택의 기로에 섰을 때는 주변의 백 마디 조언이 무용지물이다. 누구나 정답은 알고 있다. 자신을 가장 잘 아는 사람은 본인 스스로다. 갈등에 빠져 무엇도 뚜렷하게 결정하지 못하겠다면, 먼저 자신을 알아가는 노력부터 해보자. 그 노력은 결코 헛되지 않을 것이다.

이 책을 쓰는 동안 직장생활에서 미흡했던 부분이 문득문득 떠올라 부끄러웠다. 독자들 앞에 떳떳하기 위해서라도 나부터 달라져야겠다. 앞으로 이 책에 적힌 내용 이상으로 치열하게 살아야겠다는 생각에 다시 한 번 마음을 다잡게 된다.

이제 책은 내 손을 떠나 독자들에게 주어졌다. 무엇을 받아들이든, 작은 것 하나라도 도움이 되었으면 하는 바람이다. 혹시 책의 내용이 미흡하여 비판을 받아야 한다면, 그 역시 겸허히 받아들이고자 한다. 전자업계가 워낙 빠르게 변하는 분야이고, 삼성은 그중에서도 빠르게 변하기로 소문난 곳이다보니, 글을 쓰는 동안에도 변화와 혁신은 계속되고 있다. 혹시 오류가 있거나, 의견을 달리 하는 부분이 있다면 언제든지 개인메일로 의견을 받고자 한다.

이메일: tigersp@hanmail.net

군 제대 후 아무것도 모르는 나를 받아주어 이만큼 성장할 수 있도록 기회를 준 회사에 감사하는 마음뿐이다.

그리고 그동안 나에게 따뜻한 칭찬과 따끔한 조언을 아끼지 않았던 회사의 선후배 동료들, 내가 6년간 몸담았던 디지털이미징 사업부, 새롭게 몸담은 한국총괄 경기지사와 경기 남부 동료들, 엔터스코리아 양원근 대표, 북스앤드 박준희 대표, 사랑하는 나의 가족과 ROTC 동기들, KMBA 동기들에게도 고마운 마음을 전하고 싶다.

마지막으로 삶의 원동력이자 기쁨인 나의 아내 혜라와 딸 하은이에게 감사와 사랑의 마음을 보낸다.

삼성전자 조 대리의 생생리포트

밖에서 아는 삼성
안에서 배운 삼성

초판 3쇄 발행   2013년 10월 24일

지은이   조승표
발행인   박준희
발행처   ㈜아이넷방송_ 북스앤드
본부장   박철민
주 간   김유수
마케팅   정혜경
기 획   ㈜엔터스코리아 출판기획팀
디자인   design Bbook

등록   2012년 7월 10일 제315-2012-000063호
주소   서울특별시 서초구 양재천로 11길 34, 아이넷빌딩 6층
전화   02-3663-9201
팩스   02-3663-9207
홈페이지   http://www.booksand.co.kr

ISBN   979-11-950263-4-0 03320

★ 값은 표지 뒷면에 있습니다.
★ 잘못된 책은 구입하신 서점에서 바꾸어 드립니다.